변호사
절대 믿지 마라

안종원 지음

변호사
절대 믿지 마라

서초동 법률사무소 실장이 밝히는
법과 소송 이야기 〈〈〈〈

이담
Books

'서울시 서초구에 자리한 대법원 청사'

■ 서 문

"권리 위에 잠자고 있는 자는 보호받지 못한다."
- 루돌프 폰 예링

　맞는 말이다. 우리나라 법은 '변론주의'이다 보니, 내가 도움을 얻고자 하는 부분을 법원에 청구해야 한다. '내가 이렇게 해도 판사가 잘 알아서 해 주겠지.' 하는 생각은 버려야 한다. 판사는 원고나 피고가 주장한 것 외에는 판단하지 않는다.

　모든 소송에서 변호사만 믿고 의지하면 백전백패가 된다. 절대 변호사를 믿지 마라. 변호사보다 법을 믿고 의지해야 한다. 그러기 위해서는 법을 잘 알아야 한다. 이 책은 당신이 소송할 때 반드시 알아야 할 법과 지식, 특히 변호사 선임 여부와 선택 기준 등을 담았다.

　필자는 수많은 상담과 소송을 진행했고, 경험했다. 법 지식과 경험이 없어서 더 심한 곤란을 겪게 되는 안타까운 경우가 너무나 많다는 사실을 잘 알고 있다. 역경에 처한 분들을 위해서 조금이나마 도움이 되었으면 하는 마음에서 이 책을 쓰게 되었다.

왜 많은 돈을 들여가며 변호사를 선택하는가?

위와 같은 고민거리를 해결하기 위해 전문가가 필요하다면, 국선 변호사를 선택하면 돈이 들지 않는다. 국선변호사도 선택하여 법원에 신청할 수 있다. 사례를 들고 판례 즉 대법원에서의 판결을 중심으로 열거하면서 변호사 도움 없이 나 홀로 소송으로 승소할 수 있는 방법도 있다.

골치 아픈 고민거리가 생기면, 이 책을 펼쳐보라. 이 책을 통해 도움을 받고, 해결할 수 있을 것이다. 다양한 사례와 자세한 설명을 통해 누구나 쉽게 적용할 수 있을 것이다.

"모든 사람은 법 앞에 평등하다."

우리 모두에게는 법과 소송이 필요한 경우가 반드시 온다. 아래처럼 말이다.

대법원 판결까지 받았는데 패소한 경우.
아버지가 남모르게 자녀를 성적으로 학대한 경우.
전화나 행동으로 괴롭힘을 당한 경우.
사채를 모두 갚았음에도 경매가 진행된 경우.
생활이 넉넉하지 않은데, 부모가 사망하면서
많은 빚을 상속하게 된 경우.
전화 금융 사기를 당한 경우.

상가를 임차하여 사용하고 계약 만기일에 권리금을 못 받은 경우.

누군가에게 미행을 당한 경우.

억울해서 고소했는데 구속이 되지 않은 경우.

재판 중 법관이 변호사를 선택하는 것이 좋겠다고 한 경우.

돈을 다 갚았음에도 채무자의 집에 대한 가압류를 해지해 주지 않은 경우.

운전면허가 취소된 경우.

위와 같은 어려움이 닥치면 스스로 해결할 수 있도록 책을 구성하였다. 이 책이 독자들에게 행복을 줄 수 있다고 감히 말하고 싶다. 변호사만 믿으면 반드시 망한다. 변호사를 선임하든 안 하든 당신이 반드시 알고 있어야 할 법과 변호사에 대한 지식이 이 책에 담겨 있다.

이 책을 읽은 자와 읽지 않은 자는 반드시 격차가 생길 수밖에 없다. 인생이 걸린 크고 작은 소송에서 쉽게 이길 수 있다면, 당신의 인생은 좀 더 행복해질 것이다. 그런 과정에 이 책은 큰 도움을 줄 것이다.

안종원

▌목 차

제1장

변호사를 믿어서는
안 되는 이유

벙어리의 혀는 거짓말쟁이 혀보다 낫다.
　　　　- 터키 속담

법 위에 아무도 없고 법 아래 아무도 없다.
　　　　- 프랭클린 D. 루스벨트

변호사는 만물박사가 아니다

변호사를 선임하거나 상담을 받으러 오시는 분들이 많다. 그중 대부분은 이미 다른 변호사 사무실에서 상담을 하고 오신다. 확신하는 변호사에게 일을 맡기려고 하기 때문이다. 물론 소개를 받고 바로 오시는 분들도 있다.

사건 난이도에 따라 다르지만, 변호사가 직접 상담하는 비용은 보통 20만 원 정도다. 이혼 사건을 예로 들자면, 이혼, 재산분할, 위자료, 양육비, 친권 등의 상담이 있다. 변호사는 무조건 이혼이 가능하다고 할 것이다. 재산분할도 20년 이상 혼인 생활을 했기 때문에 절반 정도라고 말할 것이다. 다른 사무실에서는 위자료를 3,000만 원 정도 받을 수 있지만, 자신이 변호하면 5,000만 원 정도 받을 수 있다고 장담한다.

그런 호언장담만을 믿고 실제로 소송을 하면, 자신의 변호사가 이혼 전문 변호사가 아니고, 위자료도 그만큼 못 받는다는 것을 알고는 뼈저리게 후회하게 된다.

　실제로 그런 의뢰인 중 한 명이 판결 후 2개월 정도 지나 다시 사무실을 찾아온 적이 있다. 이곳 변호사는 이혼 전문 변호사가 아닌데 왜 상담에서 그런 얘기를 했냐고 따졌다. 소송 비용 내놓으라는 것이다. 변호사는 언제 이혼 전문 변호사라는 말을 했냐고 오히려 큰소리쳤다. 하지만 의뢰인은 변호사협회에 가서 알아봤다고 한다. 변호사는 그제야 억울한 부분이 있다면 항소하여 2심에서 다투면 되는데 왜 그러냐고 달랬다.

　또 한 사례를 들어보자. 마약 판매로 조사받고 있는 의뢰인의 가족이 변호사를 찾아왔다. 마찬가지로 그 변호사는 자신이 형사사건을 많이 다뤘으며, 지금 사건을 맡기면 집행유예 정도는 가능하다고 장담했다. 이에 의뢰인이 구속(구치소에 가는 것)된 후 2개월이면 집행유예로 나올 것으로 믿은 가족은 바로 변호사 비용을 입금했다. 그러나 변호사는 의뢰인이 집행유예가 될 수 없음을 알면서도 사건을 맡기 위한 수단으로 거짓말을 한 것이다. 결국 의뢰인은 재판에서 실형 2년을 받았다.

　일반인들은 대부분 변호사가 만물박사인 줄 안다. 법조인의 최고 수준이기 때문이다. 한 가지 사례를 더 들어보겠다. 남녀가 협의 이혼을 했고 남자는 연립한 채 직장도 있다. 여자분은 양육권, 친권 모두 갖기로 확정판결을 받았다.

여자분은 자녀가 고등학교에 입학하자 돈이 너무 많이 들어 전 남편에게 딸을 보내고 고등학교 마치면 엄마에게 다시 보내기로 합의했다. 그런데 1년쯤 지나 딸이 엄마에게 전화하여, 아빠가 밥을 주지 않고 엄마에게 가라고 한다고 했다. 여자분은 사무실을 찾아와, 아무리 이혼을 했더라도 자기가 낳은 딸이니 고등학교 마칠 때까지 아버지가 양육할 수 있도록 법적인 조치를 취할 수 있는지 상담했다. 친권과 양육권은 딸의 어머니에게 있었고 양육비는 딸이 18세가 될 때까지 전남편으로부터 매월 30만 원씩 받을 수 있도록 확정 판결이 되어 있었다. 그러나 한 달에 한 번 받는 양육비 30만 원으로는 양육하기 어렵다며 다른 방법이 있는지 사무실로 찾아와 물었다. 안타깝기는 하지만 법적으로 다툴 수 있는 사건이 아니니, 구청이나 동사무소 사회복지과에 가면 도움을 받을 수 있을 것이라고 이야기해주었다.

또 다른 상담 사례다. 300평 규모의 논을 임대받아 하우스를 하여 난을 재배하는 상담자였다. 임대 기간이 만료되자, 주인은 상담자에게 이사를 하라는 내용증명 우편물을 보냈다. 임차인은 10년째 난을 재배하며 난방시설 하우스와 자동화 시설을 만들고, 주변에 나무도 많이 심었다. 이 부분을 주인이 보상해 주지 않으면 나갈 수 없다면서 변호사를 찾아온 것이다. 변호사는 기간이 되면 비워주는 것이 맞으나, 소송으로 시설비 등을 받을 수 있고 기간도 연장할 수 있으므로 일을 맡기라고 했다.

시설비 견적은 자그마치 4억 원이었다. 상담자는 변호사 말만 믿고 소송을 했지만, 기간도 6개월 이상 연장하지 못하고, 시설비는 한 푼도 못 받았다. 고작 이사 비용 정도만 받았으며, 소송 비용만 날리고 마음고생만 더 했다. 시설비는 권리금의 일종으로, 주인과 계약 시 시설비를 보상해 준다는 약정이 없어도 토지주가 직접 사용할 경우 권리금으로써 손해배상청구를 할 수는 있다. 그럼에도 변호사를 무조건 믿은 의뢰인은 더 큰 손해를 보게 된 것이다. 이래도 변호사를 믿을 것인가?

언론 매체를 통해서 많이 알고 있는 분들도 계시지만, 변호사들이 법정에서 제대로 변론을 안 하거나, 재판의 진행 상황을 중간중간 의뢰인에게 알려주지도 않을 때가 많다. 이런 문제로 소송 중에 변호사를 바꾸는 경우가 생각보다 많다. 지금 구속 중인 모 전 대통령은 변호사가 100여 명이 있었으나, 성실하게 변호를 해주지 않는 등 마음에 들지 않으니까 모두 바꿔버렸다는 사실도 언론에 공표되었다. 왜 변호사를 바꾸겠는가? 믿었던 만큼의 도움을 변호사에게서 받지 못했기 때문이다.

변호사라고 해서 법을 잘 지키는 것은 아니다

변호사는 재판이나 공판이 끝난 사건의 서류를 보관한다. 여기서 재판이란 민사사건 소송을 말하고, 공판이란 형사사건을 말한다. 그런데 문서를 변호사 사무실에 보관하는 것은 의뢰인이 서류를 찾아가지 않았을 때의 이야기다. 즉 의뢰인은 재판이 끝나면 언제든지 변론 서류 일체를 돌려받을 수 있다. 하지만 3년 동안은 자신의 사무실에 보관해야 한다면서 서류 반환을 요구해도 돌려주지 않는 변호사들이 있다.

변호사는 소송 의뢰인의 대리인 자격으로 준비서면이나 답변서, 증거 서류 등을 법원에 제출하고 변론한다. 그런데 의뢰인이 요구하지도 않은 부분을 기재하여 주장하는 예도 있다. 대리인의 자격을 망각한 것이다.

문서 제출 기일을 어길 때도 허다하다. 상대방이 그에 대해 반박할 시간을 촉박하게 하기 위하여 준비서면을 재판 3일 전, 아니면 재판 중에 제출한다. 민사소송법에는 재판기일 1주일 전에 준비서면이나 답변서 등을 제출하게 되어 있다.

민사사건의 소송은 3,000만 원 이하 소액 사건의 경우 1개월 정도, 소액이 아닌 사건은 5~6개월 정도가 걸린다. 하지만 흔히 변호사는 민사사건이 보통 2~3개월 소요되며, 사건의 난이도에 따라 조금 더 걸릴 수도 있다고 말한다. 그러면서 실제로는 1~2개월 후 소장을 법원에 제출하는 경우가 많다.

소송을 의뢰 받을 때에는 사건 내용에 관하여 충분히 질문한 다음 소송을 시작한다. 이후 바로 소장을 해당법원에 제출해야 하는데 이 과정에서 좀 늦는 경우가 있다. 판례 등을 검색하여 유사 사례를 확인하고 그에 맞춰서 소장을 작성하려다보니 종종 발생하는 일이다. 그러나 사실은 우선 소장을 작성하여 법원에 제출한 후 상대방의 답변서를 받아보고 판례를 검색해도 늦지 않다. 때로는 담당 변호사가 사건을 방치하고 있다가 1개월 이상 늦게 소장을 제출하는 경우도 있다. 의뢰인께서 전화로 사건진행 사항을 문의하면 지금 진행 중이라고 답변하며 넌지시 사건번호를 묻는다. 참 난감하다. 변호사가 판례 등 다른 자료를 검색하느라 소장을 아직 제출 못했다고 변명은 해야 한다. 이런 부분도 변호사가 성실하게 소송대리를 해주지 않은 경우이다.

자신의 이익이 우선이다

어떤 변호사가 사무실을 빌려 "○○○ 법률사무소"라는 이름의 간판을 걸었다. 그 옆에 "개인회생 및 파산에 관한 전문 변호사"라는 간판도 달았다. 하지만 실제 운영은 실장이나 사무장들이 대신했고, 변호사는 도장만 맡긴 채 사무실에 나오지도 않았으며, 대가로 매월 1,000만 원 또는 2,000만 원 정도의 일정한 보수를 받았다. 변호사 자격을 대여해 준 것이다.

이것이 가능한 이유는, 개인회생과 파산 관련 문제는 수요가 많지만 법정에서 변론할 일은 없는 신청 사건이기 때문이다. 즉 서류만 법원에 제출하면 된다. 과거 이렇게 운영하는 사무실이 상당수 있었는데, 인천지방검찰청의 기획 수사를 통해 몇 군데가 적발되어 형사처벌을 받았다. 당연히 변호사들은 자격정지를 당했다.

법원에서 부장판사로 재직하다가 서초동에서 사무실을 운영하며 변호사를 했던 모 변호사가 있다. 그는 필리핀에서 도박을 하다가 외환관리법 위반으로 1심에서 징역 8개월을 선고받은 피고인을 소개받았는데, 법원에 아는 판사가 많으니 2심에 항소하여 집행유예로 석방되도록 하겠다고 상담하였다. 소송을 의뢰받아 항소하면서 항소장제출시10억 원을 받고 판결선고시에 40억 원을 받는 조건으로 약정 했으면 약정서대로 10억 원을 받고 소송을 진행해야 함에도 50억 원을 받았다. 일종의 성공보수 인데 형사사건으로 성공보수는 받을 수 없는데 변형적으로 받았고 40억 원은 판결선고 시에 받아야 합에도 그때 못 받을 수도 있으니까 미리 받아 집행유예로 판결 선고 되지 않으면 40억 원은 반환해 주겠다는 약정했다. 그러면서 50억 원을 받고 항소장 제출 시 10억 원, 선고 시 40억 원을 받기로 계약서에 약정했다.

　집행유예를 쉽게 설명하자면, 예를 들어 법관이 "피고인을 징역 1년에 처한다. 단 2년간 그 형의 집행을 유예한다."라고 했다면, 피고인은 구속에서 즉시 석방되고, 2년 이내에 금고 이상의 형을 받지 않으면 선고한 1년은 실효되어 형을 집행하지 않는다. 다만 2년 이내에 금고 이상의 형을 받아 구속된 경우, 그 형에 집행유예 때 선고한 1년을 더해 징역을 살게 된다는 것이다.

　해당 사건의 담당 판사는 그 변호사의 사법연수원 동기라서 스스로 공판을 거부했다. 사건은 다른 판사에게 배당되었고, 결국 2심 항소는 기각되었다. 1심 판결이 유지되어 피고인이 석방되지 않자 피고인이 구치소에 있는 관계로 사건 의뢰 시 피고인가족과 함께 왔던 사건소개자에게 피고인에게 전달하라고 하면서 40억 원을 주었다. 가족에게 돈을 주지 않고 사건소개자에게 전달한 이유는 평소에 변호사가 잘 아시는분이고 사건도 소개자에 의해 맡았으므로 전달해 줄 것으로 믿고 40억 원을 주었다.

그러나 이후 돈이 피고인에게 전달되었는지 확인 차 접견을 갔을 때 받아야 할 40억 원 중 10억 원을 받지 못했다는 것을 알게 되었다. 즉시 사건소개자에게 연락하여 10억 원은 왜 고소인에게 주지 않았냐고 물었지만 소개비로 사용했다고 답하며 돈을 모두 돌려줄 것을 재촉해도 듣지 않자 변호사가 소개자를 횡령으로 고소했다. 사건 소개자가 검찰에 조사를 받으면서 10억 원은 소개비로 받은 것이라고 진술했고 변호사는 아는 판사가 많으니 집행유예로 꼭 석방 되도록 해 주겠다고 거짓말 했으므로 고소했다. 형사사건은 성공보수를 받을 수 없다. 그러니 애초부터 약정서가 잘못된 것이고 변호사는 10억 원을 받아야 하는 원칙을 어겼으니 40억 원을 불법하게 더 받은 것이다. 즉 거짓말을 한 것이다. 1심 판결이 유지되어 피고인이 석방되지 않자. 40억 원을 돌려주기 위하여 변호사가 평소 알고 지내던 사건 소개자에게 피고인에게 반환해 줘라고 사건소개자에게 40억 원을 주었던 것이다.

변호사는 금고도 사무실에 비치하고 중요한 서류는 금고에 있을 것이라고 자세히 알려 주었다. 결국 변호사는 구속되어 현재까지 서울구치소에서 징역을 살고 있다. 변호사법에서 변호사 수임 금액은 상한선이 없다. 그래서 부르는 게 법이다.

또한 변호사는 자기 사업이므로 나이 제한이 없다. 그러다 보니 80세가 넘은 변호사 중에서는 사무실을 직원에게 맡겨놓고 서류 작성도 실장이나 사무장들이 하며 대가로 일정한 금액을 받는 변호사도 있다. 물론 재판 때는 법원에 변호사가 나가기 때문에 법에 저촉될 이유는 없다. 하지만 모든 소송 서류를 마치 변호사가 직접 작성한 것처럼 변호사 도장을 찍었으니, 실제로는 명의대여인 셈인데, 위법한 부분을 찾기는 쉽지 않다. 이렇듯 실무에서 변호사는 이익을 추구한다. 법률서비스를 제공하는 것은 뒷전이다.

사건 담당 판사가 친구라고 말한다

의뢰인이 민사사건을 맡기기 위해 변호사에게 상담할 때, 변호사가 성공 보수를 얘기하면서 "내가 성공 보수를 모두 사용하진 않는다."라고 얘기하면, 의뢰인들은 그 돈의 일부를 담당 판사나 담당 검사에게 주는 것으로 착각한다. 변호사는 마치 판사가 친구인 것처럼 말한다. 의뢰인들은 소송에서 승소만 할 수 있다면 성공 보수가 아깝지 않다면서, 변호사 통장으로 바로 입금을 하게 된다.

소송에서 1, 2, 3심의 판결은 같을 수도 있고, 다를 수도 있다. 그런 관계로 변호사는 사건을 수임할 때 1심만 하겠다거나 2심만 하겠다거나, 아니면 사건이 복잡하므로 1심에서 패소하면 2심까지 해주겠다고 상담하는 경우가 있다. 검찰에 사건이 있을 때 까지만 변호사가 수임하겠다 는 뜻은 검찰에서 불기소(범죄가 되지않으니 기소하지않은 것)하는 경우 재판할 수 없고, 기소유예 즉, 범죄는 되지만 경미한것이므로 검찰에서 훈방해 주는 것, 이런경우에는 재판까지 가지 않지만 검사가 기소 즉, 범죄가 된다고 판단되면 법원에 재판에 넘기는 것을 말한다. 검찰에서만 사건을 수임하겠다 하면 법상 제1심 재판까지는 변호사가 변론해야하는 효력이 있음에도 검찰에서 변호인이 의견서만 제출하고 제1심에서는 변호사를 선임하든 하지않든 하라고 하면 법을 어기는 것이다.

변호사는 사건 상담을 할 때 소개로 왔느냐고 먼저 묻고 상담을 한다. 변호사 사무실에 사건을 의뢰하기 위해 상담을 하러 오시는 분은 변호사를 개인적으로 아시는 분이나 소개를 받아 오고 지나다가 사무실에 오는 경우는 거의 없다는 것이다. 이유는 변호사를 믿을 수 없기 때문이다.

어떤 분은 소개를 받고 왔다 하여 직접 상담을 해주었더니, 의뢰인에게 불리한 답변이거나 믿음이 가지 않는 것은 아닌데 어쨌든 변호사와 다시 상담하고 싶다고 하였다. 의뢰인은 변호사와 20여 분 상담을 했고, 상담한 금액의 영수증을 받았다. 복도로 마중을 나가자 의뢰인은 조용한 목소리로, 사실 생활이 어려운데 상담료를 돌려받을 수는 없냐고 물었다. 변호사가 상담한 것과 필자가 얘기한 것이 똑같다는 것이었다. 사건을 맡기게 되면 상담료는 공제해 주겠지만, 그렇지 않으면 변호사와 직접 상담을 했으므로 돌려드릴 수 없다고 답했다.

로스쿨 변호사를 제외하면, 변호사는 자신의 휴대전화를 의뢰인에게 알려주지 않는다. 만약 알려주면 사사건건 변호사에게 문의하므로 다른 일을 하는 데 지장이 있기 때문이다. 그리고 변호사가 직접 상담 전화를 받으면 사건을 수임할 수 없다. 변호사에게 물어 모르는 것의 답을 얻은 다음에 직접 소송을 할 수 있기 때문이다. 변호사에게 말하는 것은 곧 돈이기 때문이기도 하다.

가능성이 있다고 말한다

상담을 하다 보면 승소할 수 있는 사건도 있고, 패소할 수 있는 사건도 있다. 전혀 승소할 수 없는 사건인 경우에는 말을 아끼고, 의뢰인 앞에서 판례를 검색해 보고 비슷한 판례가 있으면 얘기해 준다. 만약 없다면 변호사와 상담을 추천하거나, 이틀 정도 시간을 주면 좀 더 깊이 있게 법률 검토를 해보겠다고 한다. 의뢰인은 우선 급하니 변호사와의 상담을 원하는 경우가 많다.

이때 변호사가 "승소하기가 쉽지는 않으나 승소 가능성은 있으니 후회 없도록 소송을 하여 법관의 판단을 받아 봅시다."라고 하면 사건을 수임할 수 있다. 가능성이라는 말은 참 예매하다. 의뢰인은 "다른 사무실에서는 승소하기 힘들다고 했는데, 변호사님은 승소 가능성이 있다고 말해줬다."라면서, 소송 연구를 많이 하신 분 같다고 이야기하기도 한다. 민사사건은 조정전치주의이므로, 조정을 먼저 하고 합의가 되지 않으면 재판을 하게 된다.

변호사가 사기꾼이라고 하는 의뢰인분들도 있다. 승소 가능성이 있다면 당연히 승소해야 하는데 그렇지 않다는 것이다. 다른 사무실에서는 승소가 힘들다고 했는데 이곳에서는 가능성이 있다고 했으니 사건을 맡기지 않을 수 없었다고 하며, 이 사건을 하면서 법률적인 부분을 많이 배웠다고 능동적으로 얘기하시는 분들도 있다.

이렇게 하다가 패소를 하게 되면, 변호사는 증거가 조금 부족해서 승소하지 못했다면서, 준비할 수도 없는 증거물을 요구한다. 그리고는 증거가 부족하면 항소를 하지 않는 게 좋을 것 같다고 말해준다. 범죄가 되지 않은 사건을 말로 소송 거리로 만든다.

제 2 장

그래도 꼭 필요하다면,
좋은 변호사를 선택하는
5가지 기준

법을 잘 지키고 행하는 사람은
반드시 강하고 굳세며 또한 곧고 바르다.
- ≪한비자≫

관련 사건 전문 변호사

사례를 들어보자. 교통사고를 당하여 피해자가 식물인간이 되었다. 아파트 입구에서 차량이 진입하는 와중에 오토바이를 운행하던 피해자가 차량 앞 왼쪽 옆부분에 부딪혀 그 충격으로 부상을 당한 것이었다. 보험회사에서는 환자가 피해자가 아니라 오히려 가해자이므로, 치료비를 일부만 지급한다고 했다. 교통사고 손해배상을 청구할 때의 이자는 라이프니츠식(이자계산법)이나 호프만식(복리계산법)으로 계산하며, 대부분은 호프만식을 적용한다. 보호자는 사무실로 찾아와 사건을 맡겼다.

교통사고 현장에 가 보니, 오토바이 운전자가 피해자라는 생각이 들어 이의신청을 하였다. 결국 도로교통안전관리공단에서 재조사를 하였고, 오토바이 운행자가 피해자라는 결론을 얻었다. 그 결론이 나오자 경찰에서는 과실범이고 보험도 가입되어 있으니, 가해자 처벌은 하지 않는 게 어떠냐고 했다. 피해자 가족은 이에 동의했다.

처벌을 원하지 않는다고 경찰에게 말했다는 소식을 듣고는 왜 일방적으로 그렇게 했느냐고 묻자, 이젠 우리가 피해자가 되었으니 보험청구 소송을 하면 많은 돈을 받을 수 있지 않냐고 했다. 대리인을 선임했으면 왜 상의를 하지 않았느냐고만 하고 말았다. 과실이라도 피해자가 중상일 경우 처벌을 요구하면 구속되는 경우가 많다. 더군다나 피해자가 식물인간이었기에 구속될 것은 의문의 여지가 없는데. 돈을 일부 받고 그랬나 싶었지만 그것도 아니었다. 오토바이 과실이 많다며 일부 승소로 치료비 정도만 받은 것이었다. 변호사를 선임하여 일부 이익은 보았으나 항소심에서도 기각되었다. 처벌을 요구하라고 해야 했고 합의를 하자고 하더라도 대리인과 먼저 상의하지 않은 것이 큰 화를 부른 것이다.

교통사고는 일반범죄와는 달리 처벌을 원하는지 아닌지에 따라 그 차이가 매우 크다. 그래서 큰 사고이든 경미한 사고이든 반드시 조사받을 때 강력한 처벌을 원해야 한다. 보상을 충분히 해주면 그때 합의를 해주고 처벌을 원하지 않는다고 해도 늦지 않기 때문이다. 교통사고 전담 변호사가 위 사건을 맡았다면 더 좋은 결과가 나오지 않았을까 하는 아쉬움이 남는다.

그러므로 해당 사건의 전문 변호사를 선택해야 한다. 이혼 사건은 이혼 전문 변호사를, 형사사건은 검사 출신이나 전관까지는 아니더라도 형사사건을 많이 취급해 본 변호사를 선택해야 한다. 교통사고 손해배상청구 사건이면 교통사고 전담 변호사가, 재건축 사건이면 재건축 사건에 경험이 많은 변호사가, 소년사건이면 소년사건을 많이 담당했던 변호사가, 세무사건은 양도소득세 등 세무 관련 사건의 경험 있는 변호사가 좋다. 마찬가지로 산업재해 사건, 관세법 관련 사건, 토지 수용에 관한 사건은 그 분야 전문 변호사를 구해야 한다. 또한 상표법 위반 사건은 지식재산 전문 변호사를 선택해야 한다.

돈을 빌려주고 받지 못한 경우 대여금 전문 변호사를, 존중사건이나 조상 땅 찾기 소송, 사해행위 취소 사건, 체불 임금 사건 등도 그 분야 전문 변호사를 선택해야 한다. 여기에서 사해행위란 채무를 면하기 위하여 부동산 명의를 바꾼다거나 돈을 갚지 않기 위하여 고의로 매도하는 것을 말하며, 체불이란 3개월 이상 임금을 받지 못하는 것을 말한다.

부당해고 되어 복직하고자 하는 경우, 미성년자가 사람을 사망에 이르게 하는 정도의 폭행을 한 경우, 실종 선고를 받으려는 경우, 전화로 또는 직접 따라다니면서 사람을 괴롭히는 경우, 백화점에서 상습적으로 물건을 훔치는 경우, 강남구 일원동 모 초등학교처럼 학부모 절반 이상이 자기 자식이 공부하는 모습과 선생님의 태도를 감시하기 위하여 수업 시간에 지키고 있는 경우 등에도 그 분야 전문 변호사를 선택하는 것이 좋다.

직장 상사에게 갑질을 당했거나 전자 상거래를 하면서 돈만 입금받고 물품을 보내주지 않는다면, 지은이 허락 없이 책을 통째로 인쇄소에서 복사하여 자작권을 위반했다면 그 분야 전문 변호사를 찾아야 한다. 또 음주운전으로 면허가 취소되거나 자식이 부모를 폭행한 경우, 남편이 주민등록상 아내와 함께 거주하는 것처럼 해놓고 실제로는 다른 여자와 방을 얻어 동거를 한 경우에도 그 분야 전문 변호사를 선택해야 한다.

중학생 축구 선수인 아들을 위해 부모가 코치에게 매월 200만 원씩을 주다가 사업이 잘 안 되어 돈을 주지 못하자 계속 벤치 신세를 지게 하는 경우에도 이 분야의 경험자를 선택하는 것이 좋다. 결혼하자고 서로 약속한 뒤 7년을 사귀면서 용돈은 물론 옷 신발 등 많은 돈을 들였는데 갑자기 헤어지자고 통보를 받았을 때도 이 분야 전문 변호사를 선택하는 것이 좋다. 결혼할 나이까지 아버지와 성관계를 계속한 딸이 도움을 받기 위해서도 그 분야에 해당하는 변호사를 찾아야 한다.

사례를 모두 작성하려면 수없이 많지만, 우선 이 정도는 알아야 한다. 그렇다면 왜 이렇게 해야 하는가? 이혼 사건을 예로 들자. 일반적으로 이혼, 재산분할, 18세 이하 자녀의 양육비, 위자료 관련 사항은 정도는 전문 변호사가 아니라도 처리할 수 있다. 하지만 이 경우 세부적인 소송 끝날 때까지 100m 내 접근금지, 전화 통화 금지, 자식 학대 금지 등에 관한 사항은 잘 모를 수 있다.

한 사례를 더 들어보자. 명동 롯데백화점 내에는 보안관이 있어 절도하지 못하게 감시한다. 어느 날 보안관이 고객 중 한 명이 옷을 절도하는 것을 확인하고 백화점을 나가자 바로 잡아 경찰에 인

계했다. 이 사건을 수임하고 나서 궁금하여 백화점 보안실 CCTV
를 확인해 본 결과, 해당 고객은 상습적으로 절도를 하여 경찰관이
수사하는 데 1개월이 걸릴 정도였다. 처음에는 단순 절도로 알고
사건을 수임한 뒤 롯데백화점과 합의하기 위해 갔는데, 혹 떼려다
오히려 혹을 붙이는 결과가 되었다.

실제 경험이 없다면 이런 자세한 부분까지는 모르는 경우가 많
다. 그렇기에 맡기려는 사건의 경험 있는 변호사가 좋은 것이다. 변
호사는 원칙적으로 서비스업이다. 하지만 실무에서는 사건을 수임
하지 않으면 사무실 운영이 어려우므로, 사건을 유치하기 위해 상
인으로 활동한다.

외톨이 변호사, 즉 변호사와 직원 1명만 있는 변호사를 믿지 마
라. 중형법률사무소(법률회사)는 별산제가 많으므로, 부장판사를 했
던 전관변호사가 소속되어 있다고 해서 믿지 마라. 실제로는 다른
변호사, 즉 전관 아닌 변호사가 변론하기 때문이다. 승소와 패소를
많이 해본, 전문 분야에 능통한 변호사가 좋다.

실제 승소한 사례가 있는 변호사

악기 다루는 것에 비교하자면, 변호사는 밴드 마스터와 같다. 하
지만 전문 분야 외에는 절차를 잘 모른다. 그래서 맡으려는 사건을
승소했던 경험이 있으면 좋은 변호사다. 전자소송이 대부분이므로

비슷한 사건의 판결문을 전산으로 보여주기만 해도 승소했던 경험을 알 수 있고, 소개를 받고 법률사무소에 가면 좀 더 자세한 설명을 들을 수 있다.

소송하려는 사건과 같거나 비슷한 판례도 찾아보면 좋다. 전문 변호사는 5년 이상 관련 전문 분야에서 일하는 변호사가 좋다. 교통사고 발생 때 손해배상 사건, 재건축이나 재개발 사건, 상표권 사건, 성범죄 사건, 회사 사건, 경매 사건, 매도청구 사건, 의료 사건, 배당이의 사건 등, 구체적인 사건별로 인터넷이나 변호사협회에 전문 변호사를 물어 선임하는 것이 좋은 방법이다.

전문 분야에서 패소한 사건이 있어도 괜찮다. 전문 변호사는 자신이 왜 패소했는지를 알고 있을 것이므로, 다른 사건을 할 때 실수 없이 승소할 수 있다는 점을 참고해야 할 것이다.

다음 사례를 보자. 아직 결혼을 하지 않은 20대 여자분이 가슴 확대 수술을 받았다. 그런데 수술 이틀 후 가슴에 넣은 실리콘 봉합물이 터지는 바람에 호흡 곤란이 와 119를 불렀고, 간단한 처치 후 대학병원으로 이송하였다. 성형수술을 한 곳은 강남의 모 병원이었는데, 상담자가 연락해 상황을 설명하자 병원 측은 잘못은 인정하면서도 그것은 실수이지 고의가 아니었다고 하면서, 돈을 받지 않고 재수술을 해주겠다고 했다. 이에 믿음이 가지 않은 상담자는 대학병원에서 수술할 테니 수술 비용 500만 원을 달라고 요구했고, 병원 측은 이를 거절했다.

그녀는 치료 중에 지인을 통해 사무실에 방문하여 상담을 했다. 의료 사고라고 하지만 성형외과 자격을 가진 의사가 수술하였으므로 의료법 위반은 아니었다. 대신 과실이 있었으니 과실범으로 고소 가능하다고 하자 변호사를 수임하여 형사고소를 진행했다.

형사사건도 조정제도가 도입되었다. 이에 따라 사기 금액 횡령 금액에 관하여 피의자가 갚을 것인지 아닌지를 조정해 주는데 여기에서 합의가 되면 민사소송은 하지 않아도 되기 때문에 고소를 한다는 의미이다. 즉 민사소송을 하지 않으려고 먼저 고소를 한 것이다.

경찰은 전화로 2회 출석 요구를 했으나, 병원 원장은 출석하지 않았다. 이유를 묻자 합의를 하고 출석하겠다고 했다. 수술했던 의사는 피해자를 찾아와 입원한 대학병원에서 가슴 확대 수술을 하면 그 비용을 주겠다 했고, 피해자는 변호사 비용까지 요구했다. 모두 주면 고소를 취소해 주겠다는 말도 했다. 해결되지 않으면 민사로 위로금과 정신적 고통에 대한 위자료, 손해배상까지 청구하겠다고 전했다.

하지만 그 뒤 일주일을 기다려도 소식이 없었다. 그러자 변호사는 대한의사협회에 통고하고 영업 정지 조치를 취한다고 했다. 그제야 원장은 피해자가 원한대로 모두 들어 주겠다고 하였고, 소송 이전에 사건을 모두 해결할 수 있었다. 승소한 사건은 아니지만 좋은 사례이다.

평판이 좋은 변호사

서울중앙지방법원 앞이나 대법원 입구에 가면 토요일과 일요일만 제외하고 매일 시위하는 모습을 볼 수 있다. 억울하다는 것이다. 판사나 검사, 변호사의 이름까지 기재하여 피켓을 들고 있다. 법적으로 해석하면 명예훼손이 될 수도 있는데, 이를 고소한 사람은 단한 명도 없다. 이 피켓에 이름이 올라 있는 변호사는 선택하지 않는 것이 좋다.

어떤 사건에 연루되어 언론이나 신문에 오르내리거나 수사를 받는 변호사는 좋은 변호사가 아니다. 대법관 출신이면서도 약자 편에서 많은 변론을 하는 등 서초동에서는 알아주는 변호사는 참 좋은 변호사이다.

변호사 상담을 하면 사건에 대하여 판례를 보여주거나 법전에 기재된 조문을 보여주면서 이야기를 한다. 이는 좋지만 말이 많은 변호사는 되도록 피하는 게 좋다. 평판이 좋은 변호사를 고른다는 게쉬운 일은 아니다. 법률구조공단을 활용하면 좋다.

인터넷으로 검색할 수도 있다. 관련 분야의 변론 경험자, 대형법률사무소 변호사라고 다 좋은 변호사는 아니다. 승소와 패소를 경험해 본 변호사는 좋은 변호사이지만, 승소를 장담하는 변호사는조심해야 한다. 변호사 사무소 상담실에 가면 '전문분야등록증서'가 비치되어 있다. 의료 사건 전문 변호사, 이혼 사건 전문 변호사,

재건축 사건 전문 변호사 등은 변협에 등록된 증서이므로 믿고 맡겨도 좋다. 평판이 좋은지는 신문이나 언론 매체의 보도를 확인하면 알 수 있고, 건물 경비실에 물으면 잘 알려준다. 법률사무소 직원에게 좋은 변호사인지 물으면 실무자이므로 더욱 정확하게 알려준다.

전관변호사라고 하여 다 평판이 좋은 것은 아니다. 일반인들은 잘 모르지만 많은 변호사가 변호사법을 위반하여 구속되거나 불구속 재판을 받는다. 운전면허 취소처분 취소 사건이나 의료 사건, 재건축 사건 같은 경우에는 정말 평판이 좋은 변호사를 선임해야 한다.

만약 당신의 변호사가 질문에 대답하지 않는다면 다른 변호사 선임하는 것을 고려해 보아야 한다. 한두 가지 작은 불평이 영향을 미쳐서는 안 되지만, 만약 여러 가지 불평이 있다면 다른 변호사를 찾는 게 좋다. 과거에 성공했던 변호사의 이름을 공유한다고 해서, 즉 합동법률사무소라고 해서 무조건 믿지 마라. 그들의 평판을 주의 깊게 확인하고, 가능하다면 추천을 받는 게 좋다.

신뢰할 수 있는 변호사

억울해서 변호사 사무실에 왔는데 사건과 관계없는 자랑이나 하고 과거의 직책을 들먹이면서 자기 만나려면 쉽지 않은데 여기까지와 주셔서 감사하다고 말하는 변호사라면 다시 생각해봐야 한다. 맡기려는 사건에 대하여 해박하고, 쉽게 승소할 수 있다는 말을 하지 않으며, 판례나 법전에 나온 사례를 들어 사건에 대해 내 일처럼 신중하게 상담해 준다면 신뢰해도 좋다. 여기에서 판례란 대법원 최종 판결을 말한다. 물론 하급심 판례도 있지만, 그런 용어가 없으면 대법원 판결이라고 생각하면 맞다.

누구에게 물어도 좋은 분이라고 한다면 신뢰할 수 있다. 언론이나 텔레비전에 출연하는 변호사는 신뢰받기 힘들다. 변호사가 언론매체에 나오는 것은 그렇게라도 사건을 수입하려고 광고하는 것이기 때문이다.

판사나 검사를 지냈던 전관변호사가 아니라도 형사사건인 경우 지금 사건이 어느단계 즉, 경찰에서 조사 중인지, 검찰에서 조사 중인지, 재판이 진행 중인지 등 사건의 진행과정을 소상히 알려주고 형법에 3년 이상의 징역에 처한다고 되어 있는 경우 반드시 변호사가 선임되어야 공판이 진행된다.

물론 국선변호사도 선임할 수 있다. 법에 "3년 이상의 징역에 처한다."라고 되어 있어도 판사는 초범인 경우 작량 감경이라는 부분이 있어 2년 6개월 형을 선고할 수도 있다는 등, 일반인이 잘 모르는 부분을 이야기해 주는 변호사가 좋다. 변호사와 직원 한 명만 있는 곳은 가능하면 피하고, 여러 명의 사무직원이 있는 변호사 사무실을 더 신뢰하는 것이 좋다.

형사사건이라 하여 대형 로펌인 김앤장에 사건을 의뢰하면 무조건 석방되고 형을 줄일 수 있을까? 회사 사건이 아니면 대형 로펌에 대리인을 선임해도 실제 소송은 전관이 아닌 변호사가 하게 된다. 그래서 어느 변호사가 소송대리인이 되느냐고 묻고 선임해야 한다. 대형 로펌이라 하여 무조건 잘할 것으로 믿으면 오산이다. 형사사건 같은 경우 검사 출신 변호사가 더 신뢰할 만하다. 검사는 민사사건은 취급하지 않고 형사사건만 처리하기 때문이다. 민사사건 역시 전관변호사가 아니라도 좋은 변호사를 만나면 승소 확률이 높다.

적극적이고 자세가 좋은 변호사

　소송을 시작하면 빠르면 4~5개월, 늦으면 3년까지도 간다. 형사사건이든 민사사건이든 행정사건이든 말이다. 그런데 모 변호사 같은 경우 변호사 아닌 사무실에서 상대방 사건 담당을 찾아 전화로 사건 내용을 묻고, 그에 맞추어 소송하기로 유명하다. 필자도 직접 전화를 받았던 경험이 있다. 이런 변호사는 적극적이고 좋은 변호사이다. 반면 준비서면이나 답변서를 법원에 제출하지 않고 있다가 재판 시 내미는 변호사도 있다. 이런 변호사는 좋은 변호사가 아니다. "상대를 알고 나를 알면 백전백승이다."라는 속담도 있다. 대리인이라 하여 막연하게 의뢰인 말만 믿고 소송에 임하면 의견이 철저하게 맞지 않은 경우가 많다.

이런 경우에는 원고나 피고 중 한쪽이 거짓으로 얘기한 것을 서류로 작성하여 법원에 제출한 격이 된다. 재판에서 승소하지 못할 것 같으면 돈을 주고 증인을 매수하여 허위 증인을 세우는 경우도 많다. 물론 위증이긴 하지만 위증죄를 밝혀내기는 쉽지 않다. 위증으로 고소하려면 증거를 제시하고 그 증거에 확신이 있어야 하는데, 그에 대한 입증은 위증을 주장하는 측에서 해야 하기 때문이다. 이런 경우 재판이 오래 걸린다. 의뢰인에게 재판진행 사항을 알려주기 위해 재판정에 방청객으로 참여하는 경우가 많은데 민사사건인 경우 상대측 변호사가 말도 안 되는 변론을 한다면 의뢰인에게 연락하여 솔직하지 못한 부분 예를 들자면 허위내용을 주장하는 경우 솔직하지 못하면 소송이 많이 지연될 수 있다고 하면서 상대 변호인 측에서는 이렇게 변론을 한다고 얘기해 준다. 과정이야 어떻든 적극적으로 소송에 임하는 변호사가 좋은 변호사임이 틀림없다. 변호사는 대리인이므로 소송 당사자에게 사실관계를 많이 묻고, 필요한 증거도 이야기하면서 자주 소통을 해야 한다.

사례를 들어보자. 한 남자가 강간 사건으로 경찰의 조사를 받고 영장실질심사를 받기 하루 전에 사무실을 찾았다. 영장실질심사는 쉽게 말하면 피의자가 구속되기 전에 검사의 영장 청구가 정당한가를 판사가 판단하는 제도이다. 경찰이 구속영장을 신청하고 검사가 받아들여 영장을 청구하면, 판사는 비공개 간이 재판으로 피의자에게 사실관계를 신문하고 변호사에게 변론요지서를 받는다.

피의자인 남성은 여자친구, 여자친구가 데려온 친구와 함께 셋이 술을 마셨다. 여자친구의 친구가 더 예쁘고 눈에 들어온 그는 그 친구와 성관계를 맺을 생각으로 여자친구에게는 술을 많이 마셨으니 일찍 귀가하라고 택시를 태워 보냈다. 그리고 여자친구의 친구를 모텔로 데리고 가 강간하였다는 사건이다.

경찰서 유치장에 구금되어있는 피의자를 변호사가 접견하여 사실관계를 물으니, 피의자는 여자가 성인이며, 반항이나 관계를 거부하지 않았다고, 자신은 합의하에 관계를 했다고 주장했다. 이를 무엇으로 증명하느냐고 되묻자 휴대폰으로 성관계 장면을 촬영했다고 했다.

변호사가 경찰이 보관하고 있던 피의자의 휴대폰을 요구하여 확인하자, 중요한 사진이 발견되었다. 피해자가 피의자의 성기를 입으로 애무하고 있는 사진이었다. 이 정도의 증거면 영장실질심사에서 기각될 확률이 있다고 생각하고 사진관에 가서 인화를 하였다. 그 사진을 증거물로 삼아 변론요지서에 첨부하여 법원에 제출했고, 피의자는 그날 오후 10시쯤 영장 기각으로 풀려났다. 이처럼 적극적이고 성실한 변호사가 좋은 변호사이다.

- 모르면 손해보는 변호사 지식 -

■ 민사소송은 전관이 아니라도 좋다

민사사건은 판사나 검사 출신이 아닌 변호사를 선임해도 법리 다툼에 큰 차이가 없다. 소위 말해서 '빽'이 통하지 않는다. 민사는 법리 다툼만 하면 그만이기 때문이다.

사례를 보자. 필자와 평소 잘 알고 지내는 부유한 교회 장로가 소송을 맡기고 싶다며 사무실을 찾아왔는데, 대법관 출신 변호사를 희망했다. 무슨 사건인데 그러느냐 묻자, 교회 다니는 집사가 교회를 신축해야 하는데 헌금을 많이 내라고 모든 집사에게 말하자 그중 한 분이 개인택시를 운전하는데 단독주택 3채를 매도하여 아내 모르게 전액을 교회 헌금으로 납부했고 이사를 하여 세를 살게되자 이유를 물어 뒤늦게 소유한 주택3채를 매도하여 모두 교회 헌금으로 지출했다는 말을 듣고 가족이 교회 장로를 상대로 남편이 헌금 낸 돈을 되돌려 달라는 소송이다.

대법관 출신 변호사를 소개해 줄 수는 있으나 비용도 많이 들고, 승소도 장담할 수 없다고 했다. 또 전관 아닌 변호사여도 괜찮다는 이야기도 했다. 그런데도 굳이 대법관 출신 변호사를 원하기에 소개해 주었더니, 변호사 비용 1억 원에 일을 맡겼다는 것이다. 결국 1심에서 일부 패소했다. 2심 때 또 찾아왔다. 1심 때와 똑같이 이야기했으나 믿지를 않고 또 대법관 출신 변호사를 선임하였다. 2심 역시 기각되고, 3심도 기각되었다.

그 변호사 찾아가 수임료 일부를 돌려 달라고 말해보라고 했다. 장로는 변호사를 찾아가 이야기를 했다. 그런데 그 변호사는, 대법관 출신인 자신이 변론해도 전부 승소를 못 하는데, 다른 변호사였어도 이기지 못할 것은 뻔하지 않으냐, 변호인은 재판에도 성실하게 나갔으며 주장할 것도 의뢰인이 원하는 대로 반영했으므로 수입료를 돌려줄 수 없다고, 마치 남의 일처럼 이야기했다는 것이다.

판결문을 보니 원칙적으로 스스로 현금을 냈으니 적법하기는 하지만 가정이 파괴될 정도로 사회 상규에 맞지 않은 금액을 현금 명목으로 받는 것은 법리에 맞지 않는다는 것이었다. 따라서 민사사건은 전관 아니라도 좋고 국선변호사를 선택해도 된다. 많은 돈을 들여가면서까지 꼭 전관변호사를 선택하지 않아도 된다는 말이다.

■ 형사사건은 검사 출신 변호사가 좋다

검사는 형사사건만 처리하고 민사사건은 취급하지 않는다. 따라서 검사 출신 변호사는 형사사건의 처리 절차나 사건 흐름 및 전반에 걸쳐 속속들이 잘 알고 있으므로, 형사사건에 관한 전문 변호사이다. 검사 출신이므로 검찰에서 무조건 봐준다는 의미로 착각해서는 곤란하다. 형사사건을 많이 다룬 그 분야 전문가이니 피의자나 피고인에게 유리한 부분이 무엇인지 파악하여 그때그때 적절하게 대응할 수 있다는 의미이다.

변호사가 사건을 수임하게 되면 피의자나 피고인이 구금되어 있는 구치소나 교도소로 면회를 간다. 그곳에서 사실관계를 파악한 후, 피해자의 기록을 보고 일치 여부를 확인한다. 만약 다른 부분이 있다면 다시 면회를 가서 확인 후 변론을 준비한다. 변호사가 피의자나 피고인에게 면회 가는 것을 법률 용어로 '접견'이라고 한다. 보호자들의 면회 시간은 정해져 있지만, 변호사의 접견 시간은 제한이 없다. 피의자나 피고인에게 편안함을 주기 위하여 접견은 좀 더 길게 하는 경우가 많다.

■ 법률구조공단을 잘 이용하라

법률구조공단은 법률봉사기관이다. 누구든지 무료로 질문하고 답을 얻을 수 있다. 소송할 자료가 있거든 인지대, 송달료만 받고 무료로 소송도 해준다. 법원에 제출할 모든 양식이 법률구조공단 홈페이지에 있다. 민사소송의 경우 일반인이 잘 모르는 인지대금, 송달료 등을 자동으로 계산해 주기도 한다. 무료이다 보니 순서를 기다리는 데 시간이 걸리므로, 원하는 시간에 먼저 예약을 하는 게 좋다.

■ 법원에 상주하는 변호사에게 상담하라

변호사는 1년 중 일정 시간 동안 사회봉사를 해야 한다. 이 때문에 전국 모든 법원에는 무료 상담을 위한 변호사와 법무사가 상주하고 있다. 상담을 받고 질문하고자 하는 내용을 미리 기록해 두는 게 좋다. 무료이므로 돈은 전혀 내지 않는다.

경매나 민사 집행에 대해서는 법무사에게 문의하는 게 좋다. 만약 판결을 받았는데 항소를 해야 할지 말아야 할지를 판결문을 가지고 문의해도 된다. 타인에게 말하지 못할 가정사나 억울한 부분에 대해서도 마찬가지다. 모든 것은 비밀이 유지되므로 걱정하지 않아도 된다. 민사재판이나 형사공판의 경우 법정에 출두할 때 가끔 옷차림을 묻는 경우가 있는데, 편한 복장이면 된다. 꼭 정장을 입을 필요가 없다는 말이다.

제3장

이럴 땐 꼭
최고의 변호사가 필요한
5가지 경우

백성은 법에 저촉되지만 않으면 어떤 짓을 해도 좋다고 생각하게 된다.
결국, 법망을 빠져나가기만 하면
어떤 악한 짓을 범해도 부끄러움을 모르는 사람이 생기게 되는 것이다.
- ≪논어≫

헌법소원-대법원 확정판결을 받은 경우

최종법원인 대법원에서 민사사건을 패소한 경우에는 판결문을 송달받은 날부터 30일 이내에 재심하거나 아니면 헌법재판소에 헌법소원을 하는 2가지 방법이 있다. 해당 사건에서의 증인이 위증하여 패소했다면 위증으로 형사 확정판결문을 첨부하여 재심할 수 있고, 그 외 새로운 중요한 자료가 발견되었을 때도 재심을 청구할 수 있다. 민사재심은 판결 확정 후 5년 이후에는 할 수 없다. 형사사건은 재심 기간이 소송촉진 등에 관한 특례법 제23조의2 제1항에 따라 판결 사실을 안 날부터 14일 이내, 재심청구인이 책임질수 없는 사유로 위 기간 내에 재심청구를 하지 못한 경우 그 사유가 없어진 날부터 14일 이내에 제1심법원에 재심을 청구할 수 있다. 헌법소원은 형사사건이나 민사사건에서 패소한 경우 헌법에 어긋난다는 취지의 내용이 들어가야 하는데, 이때는 변호사를 필수로 선임해야 한다. 즉 헌법소원은 변호사 강제주의이다. 사선변호사도 좋지만, 국선변호사를 선택해도 된다. 중요한 판례를 알아보자. 사건 내용을 알아보기 쉽도록 판결문 전체를 수록하였다.

대법원 2003. 7. 11. 선고 99다24218 판결
[손해배상(기)][공2003.8.15.(184),1695]

【판시사항】
[1] 법관의 재판에 대한 국가배상책임이 인정되기 위한 요건

[2] 재판에 대한 불복절차 내지 시정절차의 유무와 부당한 재판으로 인한 국가배상책임 인정 여부

[3] 헌법재판소 재판관이 청구기간 내에 제기된 헌법소원심판청구 사건에서 청구기간을 오인하여 각하결정을 한 경우, 이에 대한 불복절차 내지 시정절차가 없는 때에는 국가배상책임(위법성)을 인정할 수 있다고 한 사례

[4] 헌법소원심판청구가 부당하게 각하되지 아니하였다고 하여도 본안 판단에서 청구기각되었을 사건인 경우, 위자료 인정 여부(적극)

[5] 불법행위로 입은 정신적 고통에 대한 위자료 액수 결정이 사실심 법원의 직권에 속하는 재량 사항인지 여부(적극)

【판결요지】
[1] 법관의 재판에 법령의 규정을 따르지 아니한 잘못이 있다 하더라도 이로써 바로 그 재판상 직무행위가 국가배상법 제2조 제1항에서 말하는 위법한 행위로 되어 국가의 손해배상책임이 발생하는 것은 아니고, 그 국가배상책임이 인정되려면 당해 법관이 위법 또는 부당한 목적을 가지고 재판을 하였다거나 법이 법관의 직무수행상 준수할 것을 요구하고 있는 기준을 현저하게 위반하는 등 법관이 그에게 부여된 권한의 취지에 명백히

어긋나게 이를 행사하였다고 인정할 만한 특별한 사정이 있어야 한다.

[2] 재판에 대하여 따로 불복절차 또는 시정절차가 마련되어 있는 경우에는 재판의 결과로 불이익 내지 손해를 입었다고 여기는 사람은 그 절차에 따라 자신의 권리 내지 이익을 회복하도록 함이 법이 예정하는 바이므로, 불복에 의한 시정을 구할 수 없었던 것 자체가 법관이나 다른 공무원의 귀책사유로 인한 것이라거나 그와 같은 시정을 구할 수 없었던 부득이한 사정이 있었다는 등의 특별한 사정이 없는 한, 스스로 그와 같은 시정을 구하지 아니한 결과 권리 내지 이익을 회복하지 못한 사람은 원칙적으로 국가배상에 의한 권리구제를 받을 수 없다고 봄이 상당하다고 하겠으나, 재판에 대하여 불복절차 내지 시정절차 자체가 없는 경우에는 부당한 재판으로 인하여 불이익 내지 손해를 입은 사람은 국가배상 이외의 방법으로는 자신의 권리 내지 이익을 회복할 방법이 없으므로, 이와 같은 경우에는 배상책임의 요건이 충족되는 한 국가배상책임을 인정하지 않을 수 없다.

[3] 헌법재판소 재판관이 청구기간 내에 제기된 헌법소원심판청구 사건에서 청구기간을 오인하여 각하결정을 한 경우, 이에 대한 불복절차 내지 시정절차가 없는 때에는 국가배상책임(위법성)을 인정할 수 있다고 한 사례.

[4] 헌법소원심판을 청구한 자로서는 헌법재판소 재판관이 일자 계산을 정확하게 하여 본안판단을 할 것으로 기대하는 것이 당연하고, 따라서 헌법재판소 재판관의 위법한 직무집행의 결과 잘못된 각하결정을 함으로써 청구인으로 하여금 본안판단을 받을 기회를 상실하게 한 이상, 설령 본안판단을 하였더라도 어차피 청구가 기각되었을 것이라는 사정이 있다고 하더라도 잘못된 판단으로 인하여 헌법소원심판 청구인의 위와 같은 합리적인 기대를 침해한 것이고 이러한 기대는 인격적 이익으로서 보호할 가치가 있다고 할 것이므로 그 침해로 인한 정신상 고통에 대하여는 위자료를 지급할 의무가 있다.
[5] 불법행위로 입은 정신적 고통에 대한 위자료 액수에 관하여는 사실

심 법원이 제반 사정을 참작하여 그 직권에 속하는 재량에 의하여 이를 확정할 수 있다.

【참조조문】
[1] 국가배상법 제2조 제1항 / [2] 국가배상법 제2조 제1항 / [3] 국가배상법 제2조 제1항 / [4] 국가배상법 제2조 제1항 / [5] 민법 제393조, 제751조, 제763조

【참조판례】
[1] 대법원 2001. 3. 9. 선고 2000다29905 판결
대법원 2001. 4. 24. 선고 2000다16114 판결(공2001상, 1196)
대법원 2001. 4. 24. 선고 2000다16114 판결(공2001상, 1196)
대법원 2001. 10. 12. 선고 2001다47290 판결(공2001하, 2464)

[3] 대법원 2001. 8. 20.자 2001준재다442 결정
헌법재판소 2001. 9. 27. 선고 2001헌아3 결정
대법원 2002. 9. 30. 자 2002재다555 결정
[5] 대법원 1999. 4. 23. 선고 98다41377 판결(공1999상, 998)

【전 문】

【원고,상고인겸피상고인】 원고
【피고,피상고인겸상고인】 대한민국
【원심판결】 서울지법 1999. 3. 26. 선고 98나26018 판결

【주문】
원심판결의 지연손해금에 관한 피고 패소 부분 중 아래에서 지급을 명하는 금원을 초과하는 부분을 파기하여 제1심판결을 취소하고, 그에 해당하는 원고의 청구를

기각한다. 피고는 원고에게 2,000,000원에 대한 1995. 6. 29.부터 1997. 5. 1.까지는 연 5푼의, 1997. 5. 2.부터 1998. 1. 12.까지는 연 2할 5푼의, 1998. 1. 13.부터 2003. 5. 31.까지는 연 5푼의, 2003. 6. 1.부터 완제일까지는 연 2할의 각 비율에 의한 금원을 지급하라. 원고의 상고 및 피고의 나머지 상고를 각 기각한다. 소송총비용은 이를 10등분하여 그 9는 원고가, 나머지는 피고가 각 부담한다.

【이유】

1. 피고의 상고이유에 대하여

가. 배상책임에 대하여
(1) 법관의 재판에 법령의 규정을 따르지 아니한 잘못이 있다 하더라도 이로써 바로 그 재판상 직무행위가 국가배상법 제2조 제1항에서 말하는 위법한 행위로 되어 국가의 손해배상책임이 발생하는 것은 아니고, 그 국가배상책임이 인정되려면 당해 법관이 위법 또는 부당한 목적을 가지고 재판을 하였다거나 법이 법관의 직무수행상 준수할 것을 요구하고 있는 기준을 현저하게 위반하는 등 법관이 그에게 부여된 권한의 취지에 명백히 어긋나게 이를 행사하였다고 인정할 만한 특별한 사정이 있어야 한다고 해석함이 상당하다 (대법원 2001. 3. 9. 선고 2000다29905 판결, 2001. 4. 24. 선고 2000다16114 판결, 2001. 10. 12. 선고 2001다47290 판결 등 참조).

그런데 재판에 대하여 따로 불복절차 또는 시정절차가 마련되어 있는 경우에는 재판의 결과로 불이익 내지 손해를 입었다고 여기는 사람은 그 절차에 따라 자신의 권리 내지 이익을 회복하도록 함이 법이 예정하는 바이므로, 이 경우에는 불복에 의한 시정을 구할 수 없었던 것 자체가 법관이나 다른 공무원의 귀책사유로 인한 것이라거나 그와 같은 시정을 구할 수 없었던 부득이한 사정이 있었다는 등의 특별한 사정이 없는 한, 스스로 그와 같은 시정을 구하지 아니한 결과 권리 내지 이익을 회복하지 못한 사람은 원칙적으로 국가배상에 의한 권리구제를 받을 수 없다고 봄이 상당하다고 하겠으나, 재판에 대하여 불복절차 내지 시정절차 자체가 없는 경우에는 부당한 재판으로 인하여 불이익 내지 손해를 입은 사람은 국가배상 이외의 방법으로는 자신의 권리 내지 이익을 회복할 방법이 없으므로, 이와 같은 경우에는 위에서 본 배상책임의 요건이 충족되는 한 국가배상책임을 인정하지 않을 수 없다 할 것이다.

그리고 재판에 대한 국가배상책임의 관점에서 볼 때 헌법재판소 재판관의 재판사무는 법관의 재판사무와 동질이거나 유사한 것으로 볼 것이므로, 위에서 본 이 법원의 판례 및 견해는 헌법재판소 재판관의 재판사무에 대하여도 적용되어야 할 것이다.

(2) 원심 인정 사실에 의하면, 원고는 이 사건 헌법소원심판청구를 적법한 청구기간 내인 1994. 11. 4. 제기하였는데 헌법재판소 재판관이 그 청구서 접수일을 같은 달 14.로 오인하여 청구기간이 도과하였음을 이유로 이를 각하하는 결정을 하여 법률의 규정을 따르지 아니한 잘못을 하였음을 알 수 있는바, ① 위의 잘못은 전적으로 재판관의 판단 재량에 맡겨져 있는 헌법의 해석이나 법령·사실 등의 인식과 평가의 영역에 속한 것이 아니고 헌법소원심판 제기일의 확인이라는 비재량적 절차상의 과오라는 점, ② 통상의 주의만으로도 착오를 일으킬 여지가 없음에도 원고의 헌법소원 제기일자를 엉뚱한 날짜로 인정한 점, ③ 헌법재판소의 결정에 대하여는 불복의 방법이 없는 점(이른바, 권리구제형 헌법소원심판에서의 판단누락에 대하여 재심을 청구할 수 있다는 취지의 헌법재판소 2001. 9. 27. 선고 2001헌아3 결정 이후에는 헌법소원심판청구인이 적법한 기간 내에 심판청구를 제기하였음에도 기간 도과 후의 심판청구라 하여 각하한 경우에 이는 결정에 영향을 미칠 중요사항에 관하여 판단을 누락한 것으로서 헌법재판소법 제40조 제1항에 의하여 준용되는 민사소송법 제451조 제1항 제9호 소정의 재심사유에 해당할 여지가 있지만, 위 2001헌아3 결정이 있기 이전에는 위

와 같은 잘못된 결정에 대하여 재심으로도 불복할 길이 없었다) 등에 비추어 보면, 위와 같은 잘못은 법이 헌법재판소 재판관의 직무수행상 준수할 것을 요구하고 있는 기준을 현저하게 위반한 경우에 해당하여 국가배상책임을 인정하는 것이 상당하다고 하지 않을 수 없다.

같은 취지에서 원심이 헌법재판소의 위 각하결정에 관하여 피고의 국가배상책임을 인정한 조치는 정당한 것으로 수긍되고, 거기에 상고이유에서 주장하는 법리오해의 위법이 없다.

나. 정신적 손해에 대하여
헌법소원심판을 청구한 원고로서는 헌법재판소 재판관이 일자 계산을 정확하게 하여 본안판단을 할 것으로 기대하는 것이 당연하고, 따라서 헌법재판소 재판관의 위법한 직무집행의 결과 잘못된 각하결정을 함으로써 원고로 하여금 본안판단을 받을 기회를 상실하게 한 이상, 설령 본안판단을 하였더라도 어차피 청구가 기각되었을 것이라는 사정이 있다고 하더라도, 잘못된 판단으로 인하여 헌법소원심판 청구인의 위와 같은 합리적인 기대를 침해한 것이고 이러한 기대는 인격적 이익으로서 보호할 가치가 있다고 할 것이므로, 그 침해로 인한 정신상 고통에 대하여는 위자료를 지급할 의무가 있다고 할 것이다.

이 사건 각하결정으로 인하여 원고의 재판을 받을 권리 및 행복추구권이 침해되었다고 본 원심의 판단에는 다소 부적절한 점이 있으나, 원심이 원고에게 정신적 고통이 있다고 인정하여 위자료 지급을 명한 조치는 결론적으로 정당한 것으로 수긍할 수 있고, 거기에 상고이유에서 주장하는 법리오해의 위법이 있다고 할 수 없다.

다. 지연손해금 부분에 관한 직권판단
직권으로 살피건대, 구 소송촉진등에관한특례법(1998. 1. 13. 법률 제5507

호로 개정되어 2003. 5. 10. 법률 제6868호로 개정되기 전의 것, 이하 '개정 전 소촉법'이라 한다) 제3조 제1항 본문 중 '대통령령으로 정하는 이율' 부분에 대하여는 2003. 4. 24. 헌법재판소의 위헌결정이 있었고, 그 후 개정된 위 법률조항과 그에 따라 개정된 소송촉진등에관한특례법제3조제1항본문의법정이율에관한규정(2003. 5. 29. 대통령령 제17981호로 전문 개정된 것)은 2003. 6. 1. 이후에 적용할 법정이율을 연 2할로 한다고 규정하고 있으므로, 1998. 1. 13. 이후의 기간에 대하여 개정 전 소촉법의 규정에 의한 연 2할 5푼의 지연손해금의 지급을 명한 제1심판결을 유지한 원심판결에는 결과적으로 지연손해금의 이율을 잘못 적용하여 판결에 영향을 미친 위법이 있게 되었다고 할 것이다.

2. 원고의 상고이유에 대하여

가. 변호사비용에 대하여

원심은, 원고가 지출한 변호사비용은 이 사건 헌법소원심판청구를 위하여 지출되어야 하는 비용으로서 그 후 원고의 헌법소원심판청구에 대한 헌법재판소의 처리과정에서 생긴 판시와 같은 잘못으로 인하여 발생한 손해라고 볼 수 없으므로, 위 변호사비용은 이 사건 불법행위와 인과관계가 인정될 수 없다고 하여 원고의 변호사비용 상당액의 재산적 손해배상청구를 배척하였는바, 기록에 의하여 살펴보면, 원심의 사실인정과 판단은 정당한 것으로 수긍할 수 있고, 거기에 상고이유에서 주장하는 법리오해 등의 위법이 있다고 할 수 없다.

원고의 헌법소원심판청구는 각하되지 아니하였더라도 기각되었을 것으로 보이므로 이 점에서도 원고가 지출한 변호사비용은 이 사건 불법행위와 인과관계가 없다는 원심의 판단은 가정적·부가적 판단으로서 그 당부가 원심의 결론에 영향을 미치지 아니하므로, 이 점에 관한 상고이유도 받아들일 수 없다.

나. 위자료액에 대하여

불법행위로 입은 정신적 고통에 대한 위자료 액수에 관하여는 사실심 법원이 제반 사정을 참작하여 그 직권에 속하는 재량에 의하여 이를 확정할 수 있는바(대법원 1999. 4. 23. 선고 98다41377 판결 등 참조), 원심이 그 판시와 같은 액수의 위자료 지급을 명한 조치는 정당한 것으로 수긍되고, 거기에 상고이유에서 주장하는 법리오해 등의 위법이 없다.

3. 그러므로 원심판결의 지연손해금에 관한 피고 패소 부분 중 아래에서 이행을 명하는 부분을 초과하는 부분을 파기하되, 이 부분은 이 법원이 직접 재판하기에 충분하므로 자판하기로 하는바, 피고는 원고에게 2,000,000원에 대하여 불법행위일인 1995. 6. 29.부터 피고가 이행의무의 존부 또는 범위에 관하여 항쟁함이 상당하다고 인정되는 제1심판결일인 1997. 5. 1.까지는 민법 소정의 연 5푼의, 1997. 5. 2.부터 1998. 1. 12.까지는 구 소송촉진 등에 관한특례법(1998. 1. 13. 법률 제5507호로 개정되기 전의 것) 소정의 연 2할 5푼의, 1998. 1. 13.부터 2003. 5. 31.까지는 민법 소정의 연 5푼의, 2003. 6. 1.부터 완제일까지는 소송 촉진 등에 관한 특례법 소정의 연 2할의 각 비율에 의한 지연손해금을 지급할 의무가 있다고 할 것이므로, 제1심판결 중 이를 초과하여 지급을 명한 부분을 취소하여 그 부분에 대한 원고의 청구를 기각하며, 원고의 상고 및 피고의 나머지 상고는 모두 이유 없으므로 이를 기각하기로 하여, 관여 법관의 일치된 의견으로 주문과 같이 판결한다.

대법관 유지담(재판장) 조무제 이규홍 손지열(주심)[1]

---

1) 출처: 대법원 2003. 7. 11. 선고 99다24218 판결 [손해배상(기)] > 종합법률정보 판례

가정폭행 사건-가정 내 문제인 경우

예전에는 대부분 남편이 아내를 폭행하거나 아니면 남편이 자식들을 지속적으로 폭행하면서 가정폭행사건으로 경찰이나 수사관서에 고소하였으나, 요즘에는 반대로 아내가 남편을 폭행하고 자식들도 지속적으로 폭행하는 사건도 많다. 이때 남편이나 아내를 고소하면서 만약 변호사를 선임하지 않으면, 오히려 반감이 생겨 가정이 더 시끄러울 수 있다. 최소한 국선변호사를 선임하여 진행하는 것이 좋다.

자기편이 한 명 더 생긴다는 의미도 있고, 일반인들이 모르는 접근금지 명령을 내릴 수도 있다. 법적 처벌보다는 또다시 가족을 폭행한다면 형사처벌될 수 있다는 내용의 집체 교육을 받게 할 수도 있다. 이렇게까지 했음에도 또 폭행을 한다면 엄정한 형사처벌을 받게 되지만, 대부분의 폭행자는 자숙하며 평화로운 가정을 만들어 간다. 판례를 확인해 보자.

대법원 2017. 8. 23. 선고 2016도5423 판결
[상해] 〈가정폭력범죄의 처벌 등에 관한 특례법 제37조 제1항 제1호의 불처분결정을 받아 확정된 후 다시 같은 범죄사실에 대하여 공소가 제기된 사건〉[공2017하,1836]

【판결요지】

[1] 헌법은 제13조 제1항에서 "모든 국민은… 동일한 범죄에 대하여 거듭 처벌받지 아니한다."라고 규정하여 이른바 이중처벌금지의 원칙 내지 일사부재리의 원칙을 선언하고 있다. 이는 한번 판결이 확정되면 그 후 동일한 사건에 대해서는 다시 심판하는 것이 허용되지 않는다는 원칙을 말한다. 여기에서 '처벌'이란 원칙적으로 범죄에 대한 국가의 형벌권 실행으로서의 과벌을 의미하고, 국가가 행하는 일체의 제재나 불이익처분이 모두 여기에 포함되는 것은 아니다.

그런데 가정폭력범죄의 처벌 등에 관한 특례법(이하 '가정폭력처벌법'이라고 한다)에 규정된 가정보호사건의 조사·심리는 검사의 관여 없이 가정법원이 직권으로 진행하는 형사처벌의 특례에 따른 절차로서, 검사는 친고죄에서의 고소 등 공소제기의 요건이 갖추어지지 아니한 경우에도 가정보호사건으로 처리할 수 있고(가정폭력처벌법 제9조), 법원은 보호처분을 받은 가정폭력행위자가 보호처분을 이행하지 아니하거나 집행에 따르지 아니하면 직권으로 또는 청구에 의하여 보호처분을 취소할 수 있는 등(가정폭력처벌법 제46조) 당사자주의와 대심적 구조를 전제로 하는 형사소송절차와는 내용과 성질을 달리하여 형사소송절차와 동일하다고 보기 어려우므로, 가정폭력처벌법에 따른 보호처분의 결정 또는 불처분결정에 확정된 형사판결에 준하는 효력을 인정할 수 없다.

가정폭력처벌법에 따른 보호처분의 결정이 확정된 경우에는 원칙적으로 가정폭력행위자에 대하여 같은 범죄사실로 다시 공소를 제기할 수 없으나(가정폭력처벌법 제16조), 보호처분은 확정판결이 아니고 따라서 기판력도 없으므로, 보호처분을 받은 사건과 동일한 사건에 대하여 다시 공소제기가 되었다면 이에 대해서는 면소판결을 할 것이 아니라 공소제기의 절차가 법률의 규정에 위배하여 무효인 때에 해당한 경우이므로 형사소송법 제327조 제2호의 규정에 의하여 공소기각의 판결을 하여야 한다. 그러나 가정폭력처벌법은 불처분결정에 대해서는 그와 같은 규정을 두고 있지 않을 뿐만 아니라, 가정폭력범죄에 대한 공소시효에 관하여 불처분결정이 확정된 때에는 그때부터 공소시효가 진행된다고 규정하고 있으므로(가정폭력처벌법 제17조 제1항), 가정폭력처벌법은 불처분결정이 확정된 가정폭력범죄라 하더라도 일정한 경우 공소가 제기될 수 있음을 전제로 하고 있다.

따라서 가정폭력처벌법 제37조 제1항 제1호의 불처분결정이 확정된 후에 검사가 동일한 범죄사실에 대하여 다시 공소를 제기하였다거나 법원이 이에 대하여 유죄판결을 선고하였더라도 이중처벌금지의 원칙 내지 일사부재리의 원칙에 위배된다고 할 수 없다.

[2] 검사는 범죄의 구성요건에 해당하여 형사적 제재를 함이 상당하다고 판단되는 경우에는 공소를 제기할 수 있고 또 형법 제51조의 사항을 참작하여 공소를 제기하지 아니할 수 있는 재량이 있다(형사소송법 제246조, 제247조). 위와 같은 검사의 소추재량은 공익의 대표자인 검사로 하여금 객관적 입장에서 공소의 제기 및 유지 활동을 하게 하는 것이 형사소추의 적정성 및 합리성을 기할 수 있다고 보기 때문이므로 스스로 내재적인 한계를 가지는 것이고, 따라서 검사가 자의적으로 공소권을 행사하여 피고인에게 실질적인 불이익을 가함으로써 소추재량을 현저히 일탈하였다고 판

단되는 경우에는 이를 공소권의 남용으로 보아 공소제기의 효력을 부인할 수 있다.[2]

---

2) 출처: 대법원 2017. 8. 23. 선고 2016도5423 판결 [상해] > 종합법률정보 판례

법관이 권유할 경우

민사재판을 하면서 원고나 피고에게 판사가 변호사의 도움을 받는 게 좋겠다고 이야기할 때가 있다. 돈도 없는데 변호사의 도움을 받으라고 한다면서 못마땅해하는 분들이 있지만, 이럴 때는 사선변호사이든 국선변호사이든 변호사를 선임하는 것이 좋다. 이는 변호사의 도움을 받으면 충분히 승소가 가능하다는 의미다. 즉 법관이 생각하기에 중요한 부분을 주장하지 않고 있기에 변호사를 선임하는 게 좋겠다고 하는 권고 사항인 것이다.

법관이 재판 도중 변호사의 도움을 받는 게 좋겠다고 말한다면, 그 법관은 참 좋은 판사이다. 상대방이 소멸시효가 지난 사건을 청구했거나, 소송 요건에 맞지 않는 소송을 했거나, 증인만 있으면 충분히 승소할 수 있는 상황이라면 아무래도 전문가가 필요하지 않겠는가. 재판은 변론주의다. 그래서 변론하지 않은, 즉 주장하지 않은 부분은 판사가 판단하지 않는다.

실제로 판사가 변호사의 도움을 받는 게 좋겠다고 이야기했다면서 사무실을 찾은 한 의뢰인이 있었다. 사실관계를 보면 의뢰인은 사채를 모두 갚았는데, 정작 사채업자는 몇 년 후 이자만 갚고 원금을 갚지 않았다며 소송을 한 것이다. 이런 경우 정확하게 주장하지 않으면 무조건 패소한다. 사채업자들은 어떤 서류를 가지고 어떻게 주장하면 승소할 수 있는지를 다 알고 있기 때문이다. 사채업자뿐만 아니라 술을 먹여 허위 차용증서를 받아두고 2~3년 보관

후 실제 돈을 빌려준 것처럼 대여금 청구를 소송하는 경우도 가끔 있다.

여기에서 원고란 소송을 청구한 사람이다. 반드시 피해자이고, 잘못이 없는 사람인 것은 아니다. 피고란 소송을 당하는 사람을 말하며, 역시 반드시 돈을 변제하지 않거나 잘못이 있는 사람이 아니다. 사실과 다른, 예를 들어 대여금을 모두 받았음에도 차용증서나 각서 등을 보관하고 있다는 걸 기회로 삼아 민사소송을 하는 경우가 있다.

판결 선고 시 재판에 참여하지 않아도 된다. 하지만 반드시 출석하여 선고 내용을 들을 필요가 있다. 왜 그럴까? 실무에서 판사의 선고 내용과 판결문이 정반대인 경우를 종종 보았다. 선고 시에는 "원고 승"이라고 들었는데, 2주 정도 후에 사무실에 도착한 판결문을 보니 "원고 패"였다. 상대방 변호사 사무실에도 문의했는데 똑같이 "원고 패"라고 하였다. 이런 경우 법정에서 직접 들은 것 외에는 증거가 없다. 참고로 법정에서 녹음은 금지되어 있다. 바로 판사실로 가서 사실을 이야기하자 판결문이 잘못 갔다면서 원고와 피고 모두 판결문을 반환하라고 하였다. 만약에 선고를 직접 듣지 않았다면? 아찔하다. 선고와 판결문이 다를 때는 판사가 선고한 것이 유효하다는 사실도 알아두어야 할 부분이다. 민사재판의 법정에서 녹음은 금지되어 있지만, 속기사의 속기록과 자동 녹음이 보관되어 있다.

미행자가 있어 괴롭힘을 당하고 있는 경우

남녀 관계가 대부분이나, 그것이 아니라도 아무 이유 없이 신원 미상의 사람이 계속 집에 바래다주겠다고 하면서 집까지 미행하는 경우가 있다. 경찰에 신고해도 피해를 준 것이 없기에 앞으로 미행하지 말라고 훈방 조치만 한다. 다른 예를 들면, 결혼까지 약속하고 1년 동거까지 했는데 갑자기 남자가 사귀는 것으로 만족하고 결혼은 하지 않겠다면서 만나주지 않았다. 여자는 결혼을 약속했기에 그동안 선물도 사 주고 밥도 사 주고 했는데, 알고 보니 다른 여자가 있었던 것이다. 여자는 사기를 당한 기분이라면서 매일 남자가 출퇴근하는 길을 따라다니고, 남자의 집에 와서 차량에 못된 놈이라거나 죽여버리겠다, 나도 뒤에 사람 있다는 등의 글을 지워지지 않는 매직으로 낙서해 놓았다. 그래도 남자가 마음을 바꾸지 않자 덩치 큰 남자를 매수하여 미행을 하고, 내일 죽을 준비를 하라거나 한강 모래사장에 묻어버리겠다는 등 협박까지 했다. 이럴 때도 변호사를 선임하는 것이 좋다. 조폭이 아니라도 전과가 있는 사람은 수사기관을 가장 무서워한다. 변호사가 검찰에 고소장을 제출해 주고, 그동안 정신적 고통으로 인한 손해배상청구도 해준다. 따라서 편안함을 누릴 수 있다.

또 한 사례를 보자. 한 사람이 사채를 기간 내에 갚지 못하자, 사채업자는 그에게 보증인을 세우라고 했다. 보증 세울 사람이 없다고 하자 8,000만 원 중 절반인 4,000만 원이라도 보증을 세우라고 했다. 이 역시 어렵다고 하자 사채업자는 이틀 뒤 자녀가 다니는 초등학교를 파악하여 자식을 납치하고, 봉고차에 태워 머리를 면도기로 밀어버리기까지 했다. 이런 경우에도 변호사가 꼭 필요하다. 돈이 없으면 피해자 관할 검찰청 부근에 있는 법률구조공단에 방문하여 상담을 받고, 국선변호사를 선택하면 된다.

제4장

변호사를 찾는 숨겨진
진짜 이유 10가지

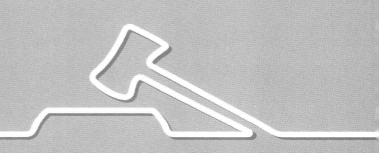

법은 도덕의 최소한이다.
- 게오르크 옐리네크

법은 언제나 부자에게는 유리한 것이고,
가난뱅이한테는 해로운 것이다.
― 장자크 루소

첫 번째―유전무죄 무전유죄

돈이 있으면 죄가 안 되고, 돈이 없으면 죄가 된다. 조금 더 구체적으로 알아보자. 돈을 많이 주고 변호사를 선임하면 승소하고, 만약 1심을 패소해도 2심과 3심에서 그와 비슷한 돈을 들여 변호사를 선임하면 무죄까지도 받을 수 있을 것 같다. 돈이 없는 사람은 1심에서부터 국선변호사 외에는 선택할 길이 없다. 즉 돈이 없으면 양질의 법률서비스를 받을 수 없을 것 같다. 여기에서 1심이란 지방법원 및 지방법원지원을 말하고, 2심이란 지방법원 합의부 또는 고등법원을, 3심은 대법원을 말한다.

실제 소송에서는 형사사건으로 국선변호사를 선임했다고 해서 불이익을 주진 않는다. 전관예우를 해준다는 것은 옛날이야기다. 현재는 전자소송이 이루어지며, 전관예우는 없어진 지 오래다. 이런 문제 때문에 범죄자는 변호사를 찾게 되는 경우가 많다. 참고로 법률구조공단에 미리 상담 예약을 신청하면 기다리지 않고 예약된 시간에 무료로 상담을 받을 수 있다. 그러므로 '유전무죄'라는 말은 사실 틀린 말이다. 일반인들은 성공보수를 판사나 검사에게 주는 것으로 오해하므로 그런 말이 나오는 것이라 추측한다.

사건의 난이도나 기록이 두꺼우면 기록 검토는 물론 변론요지서도 많은 양을 작성해야 한다. 이런 경우 성공보수를 많이 약정할 때가 있다. 그리고 상급심도 사실상 돈이 없으면 항소나 상고를 할 수 없으므로 돈 없는 서민에게는 더욱 '유전무죄'로 비칠 수 있다. 여기서 항소란 1심에서 2심을 청구하는 것이고, 상고란 2심에서 3심을 청구하는 것이다.

두 번째-깡패의 괴롭힘

조직 폭력배들은 이권 개입 외에 선량한 사람을 괴롭히지 않는다. 밤길을 걷는데 동네 똘마니, 골목대장 등이 이유 없이 뒤에서 따라붙어 돈을 요구하고 입고 있는 옷까지 벗어달라고 한다면 '경찰에 신고하면 되지 않나?'라고 생각할 수 있다. 하지만 그들은 전화할 틈을 주지 않는다. 다음날 경찰에 신고하면 되지만, 상대가 자

신의 집까지 파악한 상태라 보복이 두려워 신고를 안 하는 경우가
많다.

이럴 때 피해자가 변호사를 선임하면 우선 안심이 된다. 변호사
가 관할 경찰서에 고소장을 제출하면, 형사들은 범인이 알지 못하
도록 사복 차림으로 2~3명이 한 조가 되어 잠복하여 범인을 잡는
다. 증거는 CCTV로 확보한다. 서울 시내 대로변에는 모두 CCTV
가 설치되어 있어 거짓말은 통하지 않는다.

다음과 같은 사례가 있다. 어떤 깡패가 건설업체 중소기업 사장
에게 토목공사(아파트나 집을 건축할 때 땅 파는 공사) 일을 달라
고 했다. 업체가 이미 정해져 있어 불가하다고 말하자, 깡패는 만
약 토목공사 일을 주지 않으면 공사를 하지 못하도록 방해할 것이
라고 사장을 전화로 협박했다. 대부분의 건설업체는 건장한 유단자
를 2~3명 정도 직원으로 고용하지만, 전화상으로만 협박하니 잡
을 수가 없었다. 사장은 머리를 썼다. 이제부터는 직원에게 전화를
바꿔줄 테니 할 말이 있거든 직원에게 하라고 하였고, 운동선수 출
신의 직원이 전화를 받아 앞으로 그렇게 협박하면 경찰에 고소하
겠다고 하자 자꾸 이름을 물어 그건 알려줄 수 없다고 했다.

그 후 이제부터는 전화가 오면 모두 녹음하라고 조언하여 이틀
정도의 녹음 기록을 모았고, 상대를 협박 범죄로 고소할 수 있었
다. 경찰에서 압수수색영장을 발부받아 조회한 결과, 걸려온 전화
기는 노숙자 소유의 폰이었다. 매스컴에도 한 번 전파를 탔던 사건

이다. 이런 문제 때문에 고 정주영 회장은 청와대 경호원보다 더 많은 경호원을 두고 있다는 말을 들은 바 있다. 그러니 이럴 땐 변호사를 선임하는 것이 좋은 방법이다. 변호사를 선임해두면 예방 차원에서도 안전을 기할 수 있다.

세 번째—사기를 당해서

사기죄는 형사범죄도 되고, 민사 문제도 된다. 다시 말하면 사기죄로 형사처벌을 받을 수 있고, 사기당한 금액을 민사로 청구하여 받을 수도 있다. 이런 경우 처벌보다는 돈을 받기 위해 법률사무소를 찾아온다. 일단 변호사를 선임해두면 변호사가 소송을 대리하고 고소장도 작성하여 경찰이나 검찰에 제출한다. 의뢰인 입장에서는 대리인으로 선임한 변호사가 모든 법률문제를 처리해 주므로 재판정에 출석할 필요가 없어 일상생활하는 데 지장이 없고 평소대로 자기 일을 할 수 있다. 이런 이유로 변호사를 선임하는 경우가 대다수다.

형사범죄는 변호사를 선임하였더라도 피고인 본인이 참석해야 한다. 구속된 피고인만이 아니라 불구속으로 공판을 받은 피고인도 공판일에 변호인과 함께 참석해야 한다. 변호사는 사선이든 국선이든 관계가 없다. 불구속 피고인이 바쁘다는 핑계로 3~4회 불참하면 법정 구속되는 경우가 있으니 공판일에는 반드시 참석하는 것이 좋다. 법정 구속이란 공판을 마치고 공판정에서 피고인이 도망할

염려가 있다고 판사가 판단할 경우 곧바로 교도관이 피고인을 데려가 구치소나 교도소에 수감하는 것을 말한다.

사기는 생활 범죄이다. 대부분 영세민이 사기를 당한다. 많은 이자를 주겠다는 꾐에 빠져드는 것이다. 다른 사람으로부터 낮은 이자로 돈을 빌려 일종의 돈놀이를 하다가 당하는 꼴이다. 이자로 생활을 하기 위한 것인데, 차용한 사람 또한 생활이 어려워 돈을 빌려 생활하는 경우가 많다. 여기저기서 돈을 빌려 조금씩 갚다가 더이상 빌릴 수 없으면 돌려막기를 하기 위해 사기꾼이 되는 것이다.

거짓말을 하지 않으면 돈을 빌리지 못하므로, 돈을 빌렸던 사람에게 다시 찾아가 좋은 사업을 하려는데 돈을 빌려주면 아직 갚지 못한 금액까지 한꺼번에 갚아주겠다고 한다. 실제 변호사 사무실에 와서 어떻게 하면 사기죄가 되지 않을지 자문을 구하면서 사기를 치는 사기꾼들도 있다.

5,000만 원 이상을 빌려서 갚지 못하면 사기죄로 구속될 수도 있다고 조언하면, 1,000~2,000만 원은 빌려도 되는지 묻는다. 적은 금액이라도 상습적으로 사기를 친다면 구속될 확률이 높다고 이야기해 준다. 어떻게 하면 사기죄가 아니냐는 질문에는 그런 사항은 법률사무소에서 답하지 않는다고 하고 정중히 보내기도 한다. 직업적으로 사기를 치는 사람은 수도 없이 많다.

네 번째–빌려준 돈을 못 받아서

돈은 빌리는 입장에서는 사업 자금이든 자녀 학자금이든 돈이 필요하지만 없어서 빌려 가는 것이다. 하지만 돈을 빌려준 입장에서 그것은 이자를 받기 위한 수단이다. 차용증서를 보면 대부분 월 2부 이자로 빌려준다. 그러면 3~4개월은 이자를 잘 주다가, 사업이 잘 안 된다는 핑계로 돈을 주지 않는다. 원금 상환 기한을 증서에 명시해 두지 않는 경우도 많다. 채권 시효가 10년인데 15~20년이 지난 분들도 많다. 시효가 지나면 소송을 할 수 없지만, 원금 상환 기한을 표기한 차용증서를 다시 받으면 그때부터 시효가 다시 계산된다. 이렇게 해서 승소한 사건도 있다. 만약 그런 분들이 변호사를 만나지 않았다면 돈을 받지 못했을 것이다. 특히 돈을 빌려줄 때는 차용증서에 지연 이자를 반드시 기재하여야 한다. 판례를 확인해 보자.

대법원 2020. 1. 30. 선고 2019다279474 판결
[대여금][미간행]

【판시사항】

[1] 처분문서상 문언의 객관적인 의미가 명확하게 드러나지 않는 경우, 계약 내용의 해석 방법

[2] 갑과 을은 금전소비대차계약을 체결하면서 "차용금에 대한 이자는 연 4%로 하고 만기 일시 상환한다. 단, 만기일에 상환이 지체될 경우 연 20%의 이자를 적용한다."라는 내용의 계약서를 작성하였는데, 을이 만기에 대여금 반환의무의 이행을 지체하자 갑이 을을 상대로 원금과 차용일부터 연 20%의 비율로 계산한 이자를 구한 사안에서, "만기일에 상환이 지체될 경우 연 20%의 이자를 적용한다."라는 약정은 상환지체로 인한 만기일 이후의 지연손해금을 연 20%로 지급하여야 한다는 내용으로 해석함이 옳고, 특별한 사정이 없는 한 본래의 이자 발생일로 소급할 수는 없으며, 계약서에 연 4%의 약정이자 대신에 연 20%의 지연이자를 언제부터 지급해야 하는지 명시되어 있지 않은바, 비록 위 약정의 문구만으로 만기일로부터 4년 전인 차용일로 지연이자의 기산일을 앞당겨 정하였다고 단정하기는 어려운데도, 이와 달리 본 원심판단에 법리오해의 잘못이 있다고 한 사례

【참조조문】

[1] 민법 제105조 [2] 민법 제105조

【참조판례】

[1] 대법원 1996. 7. 30. 선고 95다29130 판결(공1996하, 2639)
대법원 2016. 12. 15. 선고 2016다238540 판결(공2017상, 117)

【전 문】

【원고, 피상고인】
원고 (소송대리인 법무법인 이래 담당변호사 박은태 외 2인)

【피고, 상고인】
피고 (소송대리인 법무법인(유한) 광장 담당변호사 배현미 외 2인)

【원심판결】 서울중앙지법 2019. 9. 27. 선고 2018나70181 판결

【주 문】
원심판결을 파기하고, 사건을 서울중앙지방법원에 환송한다.

【이 유】
상고이유를 판단한다.

1. 계약당사자 사이에 어떠한 계약 내용을 처분문서인 서면으로 작성한 경우에 문언의 객관적인 의미가 명확하다면, 특별한 사정이 없는 한 문언대로 의사표시의 존재와 내용을 인정하여야 한다. 그러나 그 문언의 객관적인 의미가 명확하게 드러나지 않는 경우에는 문언의 내용, 계약이 이루어지게 된 동기와 경위, 당사자가 계약으로 달성하려고 하는 목적과 진정한 의사, 거래의 관행 등을 종합적으로 고찰하여 논리와 경험의 법칙, 그리고 사회일반의 상식과 거래의 통념에 따라 계약 내용을 합리적으로 해석하여야 한다(대법원 1996. 7. 30. 선고 95다29130 판결 등 참조). 특히 당사자 일방이 주장하는 계약의 내용이 상대방에게 중대한 책임을 부과하게 되는 경우에는 그 문언의 내용을 더욱 엄격하게 해석하여야 한다(대법원 2016. 12. 15. 선고 2016다238540 판결 등 참조).

2. 원심은 그 판시와 같은 이유로, 이 사건 계약에서 말하는 연 20%의 이자는 상환이 지체될 경우 차용일에 소급하여 적용된다고 판단하였다.

3. 그러나 원심의 이러한 판단은 다음과 같은 이유로 그대로 수긍하기 어렵다.

가. 원심이 인정한 바와 같이 이 사건 계약서 제3조(이자)에는 "차용금에 대한 이자는 연 4%로 하고 만기 일시 상환한다. 단, 만기일에 상환이 지체될 경우 연 20%의 이자를 적용한다."라고 기재되어 있다. 이처럼 당사자가 금전소비대차계약서에 단순히 '이자'라는 단어를 사용했다 하더라도 대여금 상환의무 불이행으로 지급의무가 발생하는 것이라면 그 성질은 지연손해금으로서의 손해배상금이지 이자는 아니라고 할 것이다(대법원 1998. 11. 10. 선고 98다42141 판결 등 참조). 따라서 "만기일에 상환이 지체될 경우 연 20%의 이자를 적용한다."라는 약정은 상환지체로 인한 만기일 이후의 지연손해금을 연 20%로 지급하여야 한다는 내용으로 해석함이 옳고, 특별한 사정이 없는 한 본래의 이자 발생일로 소급할 수는 없다.

나. '지연이자'는 금전채무의 이행지체로 인한 손해배상금으로서, 일반적으로 원금에 대하여 지체일부터 법정 또는 약정 이율을 적용하는 방식으로 산정한다. 이 사건 계약서에서 대여금 반환채무의 지연이자는 만기일에 대여금의 반환을 지체하여야 발생하는데, 연 4%의 약정이자 대신에 연 20%의 지연이자를 언제부터 지급해야 하는지는 이 사건 계약서에 명시되어 있지 않다. 비록 이 사건 계약서에 "만기일에 상환이 지체될 경우 연 20%의 이자를 적용한다."라는 문구가 있지만, 그것만으로 이 사건 만기일로부터 4년 전인 2014. 3. 25.로 그 지연이자의 기산일을 앞당겨 정하였다고 단정하기는 어렵다.

그런데 원심의 판단에 따르면, 피고가 만기에 대여금 반환의무의 이행을 지체하였다는 이유만으로 피고로 하여금 대여금 반환의무가 발생하기도 전의 기간에 대하여 연 20%의 이율에 따른 무거운 책임을 소급하여 부과한다는 것이다(대여원금이 1억 2,000만 원이므로 4년간 연 20%의 비율로 계산한 돈은 9,600만 원에 이른다).

따라서 원심으로서는 위와 같이 피고에게 무거운 책임을 부과하는 내용의 지연이자 약정을 인정하려면, 그 약정의 법적 성질이 무엇인지를 감안하여 이 사건 계약서의 이자약정이 이루어진 경위, 지연이자 약정에 의하여 당사자들이 달성하려는 목적과 진정한 의사 등을 종합적으로 고려해 그러한 약정을 인정할 만한 특별한 사정이 있는지를 밝혀 보았어야 한다.

다. 그런데도 원심은 위와 같은 판단을 하는 데 필요한 사실관계 등에 대한 심리를 다하지 않은 채 판시와 같은 이유만으로 피고는 대여금에 대하여 '차용일부터' 연 20%의 비율로 계산한 지연이자를 지급할 의무가 있다고 판단하였다. 이러한 원심의 판단에는 지연이자의 발생시기에 관한 법리를 오해하여 필요한 심리를 다하지 않음으로써 판결에 영향을 미친 위법이 있다. 이를 지적하는 상고이유의 주장은 이유 있다.

4. 그러므로 나머지 상고이유에 대한 판단을 생략한 채 원심판결을 파기하고, 사건을 다시 심리·판단하도록 원심법원에 환송하기로 하여, 관여 대법관의 일치된 의견으로 주문과 같이 판결한다.

대법관 조희대(재판장) 김재형 민유숙(주심) 이동원[3]

---

3) 출처: 대법원 2020. 1. 30. 선고 2019다279474 판결 [대여금] > 종합법률정보 판례

다섯 번째—금전 변제 시

어떤 사람이 돈을 빌렸다가 모두 갚았는데, 2년 후 빌려 간 돈을 내놓으라고 한 사건이 있다. 돈을 갚지 않으면 소송하겠다면서 협박도 했다. 돈을 이미 갚았다고 하면 이자만 갚은 것이지 원금은 아직 남아 있다고 말했다. 결국 소송하여 채권자가 승소하였다. 이후 그 사람이 변호사 사무실을 찾았다. 판결문을 보니 채권자가 승소할 수밖에 없었다. 증거물로 각서가 첨부되어 있었다. 돈을 변제 시에는 반드시 차용증서나 영수증을 반환받아야 한다. 판사는 서류로 판단한다. 이런 경우 소 잃고 외양간 고친다는 속담처럼 변호사를 찾을 수밖에 없다. 변호사를 선임하면 이중변제를 막을 수 있다.

금전을 모두 변제했음에도 집에 가압류나 근저당권 설정을 해두었다면 즉시 해지 신청을 해야 한다. 근저당으로 경매를 하고 가압류로 민사소송을 할 수도 있다. 변제 시에 차용증서나 영수증을 못 받았다면 담보 취소를 하면 되는데, 변호사에게 맡기면 '담보취소 및 권리행사최고'를 한다. 1개월 이상 걸린다.

가압류를 해지하는 데 좀 더 빠른 방법이 없을까? 물론 있다.

① 담보취소 및 권리행사최고, ② 항고권포기서,③ 영수증, ④ 채권자 인감증명서, ⑤ 동의서 등 5개의 서류를 가압류를 했던 법원에 동시에 제출하면 7~10일이면 해지 결정문을 받을 수 있다. 돈을 모두 변제한 측에서 이렇게 하면 된다. 그러면 부당한 경매를 당하지 않고 가압류도 해지되어 편한 마음으로 집을 매도하거나 세를 놓을 수 있다.

여섯 번째—운전면허 취소

소주를 2잔 이상을 마시면 혈중알코올농도가 0.05% 정도로 측정된다. 3잔 이상을 마시면 0.1% 정도이다. 혈중알코올농도 0.03%에서 운전 시 면허정지 100일이며, 면허정지 상태에서 운전하다가 걸리면 음주와 관계없이 면허가 취소된다. 0.08%는 바로 면허가 취소된다. 이런 행정적인 조치는 법의 구속을 받지 못한다. 음주운전에 적발되어 무면허로 운전하시는 분들의 수는 정확한 통계는 없으나 수도 없이 많다. 대리운전을 하면 되지 않느냐고 반문하는 분도 있지만, 이런저런 불안감 때문에 음주로 인하여 면허가 취소되었는데도 그대로 운전하는 분이 아주 많다.

필자도 대리운전을 시킨 일이 있다. 대리운전자가 운전하다가 쉬었다가 가자고 해서 볼일을 보는 줄 알았는데, 길가에 차를 세워놓고 바람을 쐬고 있었다. 빨리 가자고 해서 집에 지하 주차장까지 도착하자, 약속한 것보다 돈을 좀 더 달라는 것이다. 이유를 묻자 "차비를 줘야 집에 가죠?"라고 했다. 혹시 차량을 긁어놓는다거나 해코지할까 봐 할 수 없이 5,000원을 더 주었다. 상당히 불안했다. 한번은 청담동에서 예쁜 여자분이 대리운전을 했는데 목적지 중간쯤에 차를 세우고 성매매를 요구한 적도 있었다.

예전에는 면허취소자가 행정 소송을 통해 면허를 살리는 경우도 있었다. 요즘엔 음주운전 관련 규정이 강화되어 법원에서도 승소하기가 힘들어졌다. 음주운전 시 팁을 한 개 드리면, 음주 측정은 음주 후 15분 지나서 하게 되어있다. 경찰이 음주 측정을 할 때는 언제나 방금 술을 마셨다고 하고 입안의 알코올을 물로 헹군 다음 측정에 응하는 게 좋다. 3시간 전에 술을 마셨다고 해도, 아래 나오는 '위드마크'라는 공식에 적용하면 지금 0.03% 측정된 것이 0.08% 정도로 계산되어 면허가 취소될 수 있다. 이런 경우에 변호사를 많이 찾는다. 위드마크 공식은 전 세계적으로 적용되며, 법원에서도 인정된다.

혈중알코올농도는 0.03% 이상부터 단속 대상이다. 그 이하는 처벌 대상이 아니다. 참고로 도로교통법 개정 이전에는 혈중알코올농도 0.05%이면 면허정지 100일, 0.10%면 면허취소였다. 개정 이후 현재는 0.03%이면 면허정지 100일, 0.08%이면 면허취소이다. 면허정지 기간에 운행하면 면허취소가 되며, 한 번 면허취소되면 2년 동안 면허시험에 응시할 수 없다. 판례는 법 개정 전의 것이므로 0.05%부터 단속 대상으로 명시되어 있음을 일러둔다.

위드마크 공식

$$C = a \div (p \times r \times 10) - (b \times t)$$

C = 혈중알코올농도(%)
a = 섭취한 알코올 양(g) = 음주량(㎖) × 도수(%) × 0.7894(g/㎖, 알코올의 비중)
p = 대상자의 체중(kg)

r = 성별 위드마크 계수(남자 평균 0.68, 여자 평균 0.55)

b = 시간당 알코올 분해량(%/h) (최저 0.008%/h, 최고 0.03%/h)

t = 음주 30분 초과 후 사고까지의 경과 시간(h)

이해하기 쉽도록 사례를 들어보겠다. 몸무게 70kg인 남성이 도수 0.23%의 소주 한 병(360㎖)을 마시고 3시간 30분이 지난 후 운전을 하다가 사고를 냈다. 사고 당시 혈중알코올농도를 계산하면 다음과 같다.

a = 섭취한 알코올의 양 = 360㎖ × 0.23% × 0.7894g/㎖ = 65.36232g

p = 대상자의 체중 = 70kg

r = 성별 위드마크 계수 = 0.68

b = 시간당 알코올 분해량 = 0.03%/h

t = 30분 초과 후 경과 시간 = 3h

$$C = a \div (p \times r \times 10) - (b \times t)$$
$$= 65.36232 \div (70 \times 0.68 \times 10) - (0.03 \times 3) = 0.1373 - 0.09$$
$$= 0.0473(\%)$$

음주 측정은 음주 이후 15분 지나서 해야 하는데, 우선 음주 측정을 한 다음 단속 수치가 나오지 않으면 언제부터 술을 마셨냐고 경찰관이 묻는다. 이때 3시간 전, 어제 등으로 답하면 곤란하다. 왜냐

하면 시간당 최저 0.008%를 현재 측정된 음주 수치에 더하기 때문이다. 조금이라도 음주 측정이 나오면 위와 같이 위드마크 공식을 이용하여 수치가 높아지게 된다. 면허정지일 수치라도 리드마크 공식에 의해 면허취소가 될 때가 있다. 이러면 소송해도 승소하기 어렵다. 중요한 것은 음주단속에 걸리지 않는 것이다.

술을 마시고 음주운전을 하는 경우에 단속을 피할 수 있는 방법은 없을까? 우선 운전면허 정지 기간에 운전하다가 경찰에 걸리게 되면 면허취소가 된다 . 면허취소상태에서 운전을 하다 걸리면 도로교통법위반으로 형사처벌를 받는다. 속도도 줄이고, 끼어들지 않고, 신호위반 하지 않고, 불법 주정차 하지않고 경찰에 잡히지 않게 아주 조심하게 운전을 하는 무면허 운전자나 면허정지 기간 중에 대부분이 이렇게 많은 분들이 음주운전을 한다. 소송을 하겠다고 문의를 하는데 음주운전으로 두 세 번은 음주운전 전력이 있다. 아무리 조심 운전을 해도 교통사고가 나면 자동적으로 경찰이 현장으로 출동 하므로 걸리게 된다. 가장 좋은 방법은 술 마실 때는 대중교통을 이용하는 것을 권한다. 택시를 잡으려고 해도 멈추었다가 술 냄새 풍기면 시비를 거는 등 귀찮으니까 그냥 가 버린다. 정부의 시책으로 음주운전도 강화되었고 법원에서도 벌금이 인상되어 종전보다 많이 판결한다. 세 번 음주운전으로 적발되면 구속(징역)까지도 된다. 그래서 음주운전을 법상 피해 갈 좋은 방법은 음주 시에는 대중교통을 이용 하시는 것을 권장한다. 정직이 최선의 방법이라는 속담도 있지 않은가!

위드마크 공식을 적용하여 처벌하는 것도 판례는 유죄로 인정하고 있다. 판례로 알아보자. 판례를 요지만 싣지 않고 전체를 실은 이유는 사건의 내용을 읽어보라는 의미이니, 문장이 좀 길더라도 독자께서 오해가 없으시기 바란다. 법이 개정된 지 얼마 되지 않았기에 판례는 도로교통법 개정 전의 것임을 참고하기 바란다.

대법원 2000. 11. 10. 선고 99도5541 판결

[도로교통법위반][공2001.1.1.(121),75]

【판시사항】

[1] 위드마크(Widmark) 공식을 사용하여 주취정도를 계산함에 있어 그 전제사실을 인정하기 위한 입증 정도

[2] 위드마크(Widmark) 공식의 적용을 위한 전제사실인 음주량, 음주시각, 체중에 대한 엄격한 증명이 있고, 혈중알코올농도에 영향을 미치는 다른 요소들에 대하여 피고인에게 가장 유리한 수치를 대입하여 위드마크(Widmark) 공식에 따라 혈중알코올농도를 산출한 결과 혈중알코올농도 0.05%를 상당히 초과함을 이유로 음주운전의 공소사실에 대한 충분한 증명에 이르렀다고 볼 여지가 있다고 한 사례

【판결요지】

[1] 음주운전에 있어서 운전 직후에 운전자의 혈액이나 호흡 등 표본을 검사하여 혈중알코올농도를 측정할 수 있는 경우가 아니라면 소위 위드마크 공식을 사용하여 수학적 방법에 따른 계산결과로 운전 당시의 혈중알코올농도를 추정할 수 있으나, 범죄구성요건사실의 존부를 알아내기 위해 과학공식 등의 경험칙을 이용하는 경우에는 그 법칙 적용의 전제가 되는 개별적이고 구체적인 사실에 대하여는 엄격한 증명을 요한다 할 것이고, 위드마크 공식의 경우 그 적용을 위한 자료로는 섭취한 알코올의 양, 음주시각, 체중 등이 필요하므로 그런 전제사실을 인정하기 위해서는 엄격한 증명이 필요하다 할 것이며, 나아가 위드마크 공식에 따른 혈중알코올농도의 추정방식에는 알코올의 흡수분배로 인한 최고 혈

중알코올농도에 관한 부분과 시간경과에 따른 분해소멸에 관한 부분이 있고 그 중 최고 혈중알코올농도의 계산에 있어서는 섭취한 알코올의 체내흡수율과 성, 비만도, 나이, 신장, 체중 등이 그 결과에 영향을 미칠 수 있으며 개인마다의 체질, 음주한 술의 종류, 음주속도, 음주시 위장에 있는 음식의 정도 등에 따라 최고 혈중알코올농도에 이르는 시간이 달라질 수 있고, 알코올의 분해소멸에 있어서는 평소의 음주정도, 체질, 음주속도, 음주 후 신체활동의 정도 등이 시간당 알코올분해량에 영향을 미칠 수 있는 등 음주 후 특정 시점에서의 혈중알코올농도에 영향을 줄 수 있는 다양한 요소들이 있는바, 형사재판에 있어서 유죄의 인정은 법관으로 하여금 합리적인 의심을 할 여지가 없을 정도로 공소사실이 진실한 것이라는 확신을 가지게 할 수 있는 증명이 필요하므로, 위 각 영향요소들을 적용함에 있어 피고인이 평균인이라고 쉽게 단정하여서는 아니되고 필요하다면 전문적인 학식이나 경험이 있는 자의 도움을 받아 객관적이고 합리적으로 혈중알코올농도에 영향을 줄 수 있는 요소들을 확정하여야 한다.

[2] 위드마크(Widmark) 공식의 적용을 위한 전제사실인 음주량, 음주시각, 체중에 대한 엄격한 증명이 있고, 혈중알코올농도에 영향을 미치는 다른 요소들에 대하여 피고인에게 가장 유리한 수치를 대입하여 위드마크(Widmark) 공식에 따라 혈중알코올농도를 산출한 결과 혈중알코올농도 0.05%를 상당히 초과함을 이유로 음주운전의 공소사실에 대한 충분한 증명에 이르렀다고 볼 여지가 있다고 한 사례.

【참조조문】
[1] 형사소송법 제307조, 제323조 제1항[2] 형사소송법 제307조, 제323조 제1항, 도로교통법 제41조, 도로교통법시행령 제31조

【참조판례】

[1][2] 대법원 2000. 11. 10. 선고 2000도860 판결

[1] 대법원 2000. 6. 27. 선고 99도128 판결(공2000하, 1798)

대법원 2000. 10. 24. 선고 2000도3307 판결(공2000하, 2473)

【전 문】

【피고인】 피고인

【상고인】 검사

【변호인】 변호사 정태웅

【원심판결】 서울고법 1999. 12. 1. 선고 99노2577 판결

【주문】

원심판결 중 무죄 부분을 파기하고, 이 부분 사건을 서울고등법원에 환송한다.

【이유】

1. 무죄 부분 공소사실의 요지

피고인은 1999. 6. 27. 00:10경부터 03:30경까지 혈중알코올농도 0.469%의 술에 취한 상태에서 원주시 학성 1동 소재 영빈여인숙 앞길에서 원주시 명륜 2동 소재 명륜2차아파트 부근까지 50cc 텍트 오토바이를 운전하였다.

2. 원심의 판단

원심판결 이유에 의하면, 원심은 직권으로 다음과 같이 판단하면서 위 공소사실을 유죄로 인정한 제1심판결을 파기하고 이에 대하여 무죄를 선고하였다.

(1) 수사기록에 의하면 피고인이 강간상해 혐의로 수사를 받던 중 술을 먹고 오토바이를 운전한 사실이 밝혀지자 경찰관은 피고인이 소주 2홉들이 2병 반(900㎖)을 마셨다는 피고인의 진술과 피고인의 체중이 54㎏이라는 사실에 기초하여 소위 위드마크 공식을 적용하여 산출된 0.469%를 피고인의 운전 당시 혈중알코올농도로 추정하였고 이에 따라 검사는 피고인이 혈중알코올농도 0.469%의 술에 취한 상태에서 오토바이를 운전하였다고 기소하였다.

(2) 사람이 술을 마신 경우 소화기관이 알코올을 흡수하면서 일정기간 동안 혈중알코올농도가 상승하다가 간의 분해작용이 이를 상쇄해 나가면서 혈중알코올농도가 감소하게 되는바, 섭취한 알코올의 양과 혈중알코올농도의 상관관계에 관하여 1930년대 독일의 위드마크에 의하여 제안된 소위 위드마크 공식은 "C=a/(p×r)"로 표시되는데, 여기서 C는 혈중알코올농도, a는 섭취한 알코올의 양, p는 체중, r은 위드마크 상수로서 그 중 r은 우리 몸이 알코올을 흡수하는 혈액만으로 이루어져 있는 것이 아니고 그렇지 않은 고형물질이나 체지방으로도 이루어져 있기 때문에 이러한 요소를 고려한 계수인데, 위드마크의 1932년 연구결과에 의하면 r의 값이 남자의 경우 0.52부터 0.86까지 분포되어 그 평균치가 0.68이고 여자의 경우 0.47부터 0.64까지 분포되어 그 평균치가 0.55이다.

(3) 한편 위드마크 공식에 시간 개념을 도입하여 음주 후 일정시간이 지난 뒤의 혈중알코올농도를 산출할 경우 "Ct={a/(p×r)}−b×t"라는 등식이 성립하고, 여기서 b는 시간당 알코올분해량을 표시하고 t는 음주 후 경과된 시간을 표시하는데 b의 값 또한 개인에 따라 시간당 0.008%부터 0.030%까지 분포되어 있고 그 평균치는 0.015%인 것으로 알려져 있다.

(4) 위 공식의 전제조건은 피실험자가 다른 음식물과 함께 술을 마

시는 것이 아니라 오직 술만을 마시되 그것도 시간간격을 두지 않고 일시에 마시는 것으로 되어 있어 이는 일반적으로 평균인이 술을 마시는 습관과 상이하고, 실제로 술을 마시는 속도나 음주 전 혹은 음주와 함께 섭취한 음식물의 종류와 양은 소화기관이 알코올을 흡수하는 데 상당한 영향을 미치는 것으로 알려져 있고, 또한 술의 종류, 음주자의 신체적 조건, 평소 술을 마시는 빈도와 양 등도 혈중알코올농도를 결정하는 중요한 요소가 된다.

(5) 그럼에도 위드마크 공식은 이러한 개인적 특성과 구체적 상황의 차이를 고려하지 않은 채 단지 일정 수의 성인남녀를 대상으로 실시한 실험결과를 통계적으로 분석하여 그 수치를 단순화한 자료에 불과할 뿐 아니라, 동일한 조건에서 시행한 위 실험결과에 의하더라도 개인에 따라 위드마크 공식에서 r의 값은 50% 이상, b의 값은 4배 가까이 차이가 나는 등 개인에 따라 엄청난 오차를 허용하고 있으므로, 위 공식에 따라 산출된 혈중알코올농도를 엄격한 증명을 요하는 형사재판에서 특정한 피고인에 대한 유죄의 자료로 삼을 수는 없는바, 위 공소사실에 대하여 달리 이를 인정할 증거가 없는데도 제1심이 이를 유죄로 인정하였음은 채증법칙에 위배하여 사실을 오인한 것이다.

3. 대법원의 판단

(1) 음주운전에 있어서 운전 직후에 운전자의 혈액이나 호흡 등 표본을 검사하여 혈중알코올농도를 측정할 수 있는 경우가 아니라면 소위 위드마크 공식을 사용하여 수학적 방법에 따른 계산결과로 운전 당시의 혈중알코올농도를 추정할 수 있으나, 범죄구성요건사실의 존부를 알아내기 위해 과학공식 등의 경험칙을 이용하는 경우에는 그 법칙 적용의 전제가 되는 개별적이고 구체적인 사실에 대하여는 엄격한 증명을 요한다 할 것이고, 위드마크 공식의 경우 그 적용을 위한 자료로는 섭취한 알코올의 양, 음주시각, 체중 등이 필요하

므로 그런 전제사실을 인정하기 위해서는 엄격한 증명이 필요하다 할 것이며(대법원 2000. 6. 27. 선고 99도128 판결 참조), 나아가 위드마크 공식에 따른 혈중알코올농도의 추정방식에는 알코올의 흡수분배로 인한 최고 혈중알코올농도에 관한 부분과 시간경과에 따른 분해소멸에 관한 부분이 있고 그 중 최고 혈중알코올농도의 계산에 있어서는 섭취한 알코올의 체내흡수율과 성, 비만도, 나이, 신장, 체중 등이 그 결과에 영향을 미칠 수 있으며 개인마다의 체질, 음주한 술의 종류, 음주속도, 음주시 위장에 있는 음식의 정도 등에 따라 최고 혈중알코올농도에 이르는 시간이 달라질 수 있고, 알코올의 분해소멸에 있어서는 평소의 음주정도, 체질, 음주속도, 음주 후 신체활동의 정도 등이 시간당 알코올분해량에 영향을 미칠 수 있는 등 음주 후 특정 시점에서의 혈중알코올농도에 영향을 줄 수 있는 다양한 요소들이 있는바, 형사재판에 있어서 유죄의 인정은 법관으로 하여금 합리적인 의심을 할 여지가 없을 정도로 공소사실이 진실한 것이라는 확신을 가지게 할 수 있는 증명이 필요하므로, 위 각 영향요소들을 적용함에 있어 피고인이 평균인이라고 쉽게 단정하여서는 아니되고 필요하다면 전문적인 학식이나 경험이 있는 자의 도움을 받아 객관적이고 합리적으로 혈중알코올농도에 영향을 줄 수 있는 요소들을 확정하여야 할 것이다.

(2) 그런데 기록에 의하면, 피고인은 경찰에서 1999. 6. 26. 19:00경부터 22:00경까지공소외 1의 부와 소주 2홉들이 5병을 나누어 마셨는데 피고인이 마신 술의 양은 소주 2홉들이 2병 반(900ml)이고 몸무게가 54kg이라고 진술하였고(수사기록 제31, 39, 68 내지 69쪽), 검찰에서도 음주량, 음주시각에 관하여 같은 내용의 진술을 하였으며(수사기록 제79쪽), 또한 당시 피고인으로부터 강간상해의 피해를 당한공소외 2는 경찰에서 피고인으로부터 술냄새가 많이 났으며 취한 상태이었다고 진술한(수사기록 20쪽) 사실을 알 수 있는바, 사정이 이러하다면

이 사건의 경우에는 위드마크 공식을 적용하기 위한 전제사실인 음주량, 음주시각, 체중에 대한 엄격한 증명이 있었다고 보아야 할 것이고, 위에서 본 혈중알코올농도에 영향을 줄 수 있는 다른 요소들에 대하여는 이미 알려진 신빙성 있는 통계자료 중 피고인에게 가장 유리한 것을 대입하여 위드마크 공식에 따라 피고인의 위 운전 당시 혈중알코올농도를 추정할 경우, 즉 성, 비만도, 나이, 신장, 체중 등에 의한 영향을 받는 위드마크 상수를 0.86으로, 섭취한 알코올의 양계산에 있어서는 가장 낮은 수치인 70%만이 체내에 흡수되며, 음주개시시각부터 곧바로 생리작용에 의하여 분해소멸이 시작되는 것으로 보고, 평소의 음주 정도, 체질, 음주속도, 음주 후 신체활동의 정도 등에 좌우되는 시간당 알코올분해량을 0.03%로 하여 계산하더라도 그 결과가 $0.1177\%[=\{900m\ell \times 0.7894g/m\ell(알코올의 비중) \times 0.25(소주의 알코올도수) \times 0.7(체내흡수율)\}/\{54kg \times 0.86 \times 10\} - 0.03\% \times 5시간]$가 되어 피고인은 위 운전 당시 혈중알코올농도 0.05%를 상당히 초과하는 정도의 술에 취한 상태에 있었음이 인정되므로, 위 공소사실은 충분한 증명에 이르렀다고 볼 여지가 있다고 할 것이다.

(3) 따라서 원심으로서는 달리 피고인으로부터 혈중알코올농도에 영향을 줄 수 있는 다른 요소들에 대한 주장이 없는 한 위 공소사실에 대한 증명이 없다고 할 수는 없을 것인데도 앞서 본 바와 같은 이유만으로 위 공소사실이 범죄의 증명이 없는 경우에 해당한다고 직권으로 판단한 것은 심리를 다하지 아니하여 사실을 오인하였거나 도로교통법 제41조 소정의 술에 취한 상태에 관한 법리를 오해함으로써 판결 결과에 영향을 미친 위법이 있다고 아니할 수 없고, 이 점을 지적하는 상고이유의 주장은 이유 있다.

4. 결론

그러므로 검사의 상고를 받아들여 원심판결 중 무죄 부분을 파기하고 이 부분 사건을 원심법원에 환송하기로 하여 관여 대법관의 일치된 의견으로 주문과 같이 판결한다.

대법관 이강국(재판장) 조무제 이용우(주심) 강신욱[4]

---

[4] 출처: 대법원 2000. 11. 10. 선고 99도5541 판결 [도로교통법위반] > 종합법률정보 판례

주문의 파기, 환송은 고등법원의 판결이 잘못되었으니 다시 심리하라는 의미다. 당해 사건에서는 절대적으로 대법원의 주문에 따라야 한다.

일곱 번째-자살 직전

서울에 사는 29세 어떤 총각은 돈을 벌어 효도하고 싶다고 시골에 계신 부모님을 졸라 아버지가 농협에서 2억 원을 대출받게 했다. 농산물, 축산물, 수산물 등은 세금이 없다는 말을 듣고, 그 돈으로 친구와 함께 정육점을 차린 것이다. 처음 3~4개월 동안은 장사가 잘되어 농협에 이자를 갚으라고 아버지에게 돈을 보내주었는데, 4개월째부터는 가까운 거리에 정육점이 또 하나가 생겨 손님이 그쪽으로 몰리고 고기가 팔리지 않았다.

장사나 사업 경험이 없던 그는 고민하다가 박리다매를 하겠다면서 가격을 낮추었다. 사람이 많이 올 것으로 예상했으나 현실은 달랐다. 정육점을 시작한 지 6개월이 지났고, 그의 아버지는 농협에서 독촉한다면서 빨리 이자를 보내 달라고 했다. 결국 그는 변호사 사무실에 찾아와 자신의 처지가 이런데 법적으로 도움 받을 수 있느냐고 묻게 되었다.

"어느 부분에서 도움을 받고자 하느냐?"라고 묻자 말은 안 하고 "됐어요. 그냥 자살하려고요."라고 했다. 무언가 말하고 싶은 게 있는데 숨기는 것 같았다. 복도로 나가는 총각을 불러 개인에 대한 비밀은 절대 지켜줄 테니, 도움 받고자 하는 부분을 사실대로 이야기하라고 했다. 파산신청을 하려는데 아버지 명의로 받은 대출금은 재산 목록에 빚으로 작성할 수 없다는 것이었다.

죽을 용기가 있으면 무엇인들 못 하겠느냐고 하면서, 보증금을 빼 마장동에서 고기를 판매하는 점원부터 다시 시작하는 것이 어떻겠냐고 물었다. 하지만 그럴 수는 없다고 했다. 계약 기간이 남아 보증금을 뺄 수 없다는 것이었다. 그는 아버지에게 미안하다고 전화하고 시골로 내려가겠다면서 사무실을 나섰다. 하지만 그 뒤 이틀 만에 자살하고 말았다.

다른 예도 있다. 지하 셋방에 살던 중학교 1학년 소녀였는데, 초등학교 2학년에 다니는 남동생이 있는 소녀 가장 사례다. 부모는 아이 두 명을 버리고 집을 나갔다. 재산도 없었고, 중학교 1학년으로는 취업도 할 수 없었다. 집주인은 주민센터에 가서 월세는 받지 않아도 좋지만 아이들 부모가 없으니 쌀이라도 지원해줘야 밥을 먹을 게 아니냐고 요청했다.

그리고 아이들 부모를 찾아 달라며 사무실을 찾았다. 사정이 딱해서 인터넷으로 가출인 찾기 사이트를 확인했지만 별다른 정보는 없었다. 애초에 이런 문제는 법률사무소에서 도움받을 사건이 아니다. 자식을 버리고 나간 부모를 찾아 아동학대로 처벌할 수는 있으니 찾아서 경찰에 넘기면 된다. 중1이면 한참 사춘기이고 예민할 시기다. 불쌍하기는 했으나 도움을 줄 수는 없었다. 우선 가출 신고를 해놓으라고만 했다. 혹시라도 자살할까 봐 무서웠다.

여덟 번째–사업이 부도나서

사업이 부도나고 돈을 달라는 전화나 재촉이 오면 사업자들은 일정 기간 거짓말을 한다. 다른 회사에서 아직 돈을 못 받아서 그러니 받으면 갚겠다고. 사업은 이미 부도가 났어도 절대로 그 이야기는 안 하고 채권자들을 기다리게 만든다. 그러면서 살길을 찾고 도망갈 궁리를 한다. 자기 돈으로 사업하는 사람은 거의 없다. 거의 다 은행 빚 내지는 사채 또는 지인들에게 빌린 돈이다. 그렇기에 부도가 나면 민사뿐만 아니라 형사적으로도 문제가 발생한다.

이런 사람은 변호사 사무실을 잘 찾아온 것이다. 보통 회사 파산 신청을 하면서 면책신청도 동시에 하는데, 법원은 변호사를 파산관재인으로 지정하여 파산신청인의 재산을 관리하게 한다. 면책신청은 파산이 결정된 후 4개월 정도 더 있다가 결정이 난다. 면책이 되면 못 갚은 빚에 대해 모두 변제한 것처럼 책임을 지우지 않고 원래대로 복귀된다. 즉 소위 말하는 복권이 되는 것이다. 판례를 확인해 보자.

대법원 2016. 1. 14. 선고 2014다18131 판결
[부인결정이의][미간행]

【판시사항】

[1] 채무자 회생 및 파산에 관한 법률 제100조 제1항 제1호에서 정한 '채무자가 회생채권자 또는 회생담보권자를 해하는 것을 알고 한 행위'에 이른바 편파행위가 포함되는지 여부(적극) 및 편파행위에 대한 고의부인이 인정되기 위하여 필요한 주관적 요건의 내용 / 부인의 대상이 되는 행위 당시 수익자가 회생채권자 등을 해하는 사실을 알지 못하였는지에 대한 증명책임의 소재(= 수익자)

[2] 채무자 회생 및 파산에 관한 법률에서 정한 부인의 대상이 되는 행위 당시 채무자가 채무초과상태에 있어야만 부인권을 행사할 수 있는지 여부(소극)

[3] 갑 주식회사가 대출금의 변제기 연장을 목적으로 을 주식회사와 담보신탁계약을 체결하고 병 은행을 1순위 우선수익자로 지정한 행위가 채무자 회생 및 파산에 관한 법률 제100조 제1항 제1호에 따라 부인의 대상이 되는지 문제 된 사안에서, 원심이 담보신탁계약이 특정 채권자에 대한 담보제공행위로서 편파행위에 해당한다고 판단하면서 당시 갑 회사가 채무초과 상태에 있었는지에 대한 병 은행의 인식 여부를 선의 인정의 주된 근거로 삼은 것은 잘못이고, 제반 사정에 비추어 병 은행은 갑 회사에 대한 회생절차가 개시되는 경우에 적용되는 채권자평등의 원칙을 회피하기 위하여 담보신탁계약의 우선수익자로 지정됨으로써 다른 채권자들을 해한다는 인식이 있었다고 볼 여지가 충분하다고 한 사례

【참조조문】

[1] 채무자 회생 및 파산에 관한 법률 제100조 제1항 제1호, 민사소송법 제288조 [2] 채무자 회생 및 파산에 관한 법률 제100조 제1항 제1호, 민법 제406조 제1항 [3] 채무자 회생 및 파산에 관한 법률 제100조 제1항 제1호

【참조판례】

[1] 대법원 2006. 6. 15. 선고 2004다46519 판결(공2006하, 1314) 대법원 2014. 7. 10. 선고 2014다24112 판결

[2] 대법원 2005. 11. 10. 선고 2003다271 판결(공2005하, 1925)

【전 문】

【원고, 피상고인】

주식회사 무궁화신탁 (소송대리인 법무법인(유한) 화우 담당변호사 박현순 외 3인)

【원고보조참가인】

주식회사 푸른상호저축은행 (소송대리인 법무법인(유한) 화우 담당변호사 박현순 외 3인)

【피고, 상고인】 회생회사 주식회사 건영의 법률상 관리인 소외 1의 소송수계인 회생회사 주식회사 건영의 법률상 관리인 소외 2의 소송수계인 회생회사 주식회사 건영의 법률상 관리인 소외 3의 소송수계인 회생회사 주식회사 건영더블의 관리인 피고 (소송대리인 법무법인(유한) 산경 담당변호사 최우제 외 3인)

【원심판결】서울고법 2014. 1. 17. 선고 2013나14455 판결

【주 문】
원심판결을 파기하고, 사건을 서울고등법원에 환송한다.

【이 유】
상고이유를 판단한다.
채무자 회생 및 파산에 관한 법률(이하 '채무자회생법'이라 한다) 제100조 제1항 제1호에서 정한 '채무자가 회생채권자 또는 회생담보권자를 해하는 것을 알고 한 행위'에는 총채권자의 공동담보가 되는 회사의 일반재산을 절대적으로 감소시키는 이른바 사해행위뿐만 아니라 특정한 채권자에 대한 변제와 같이 다른 회생채권자들과의 공평에 반하는 이른바 편파행위도 포함된다. 위와 같은 고의부인이 인정되기 위해서는 주관적 요건으로서 '회사가 회생채권자들을 해함을 알 것'을 필요로 하는데, 특히 편파행위의 경우에는 채무자회생법이 정한 부인대상행위 유형화의 취지를 몰각시키는 것을 방지하고 거래안전과의 균형을 도모하기 위해 회사회생절차가 개시되는 경우에 적용되는 채권자평등의 원칙을 회피하기 위하여 특정 채권자에게 변제한다는 인식이 필요하다고 할 것이지만, 더 나아가 회생채권자 등에 대한 적극적인 가해의 의사 내지 의욕까지 필요한 것은 아니다(대법원 2006. 6. 15. 선고 2004다46519 판결 등 참조). 한편 위 행위로 인하여 이익을 받은 자(이하 '수익자'라고 한다)가 그 행위 당시 회생채권자 등을 해하는 사실을 알지 못한 경우에는 그 행위를 부인할 수 없으나, 수익자의 악의는 추정되므로, 수익자 자신이 그 선의에 대한 증명책임을 부담한다(대법원 2014. 7. 10. 선고 2014다24112 판결 등 참조).
원심은, 엘아이지건설 주식회사(변경 후 상호: 주식회사 건영, 이하 '엘아이지건설'이라 한다)가 과천시 타운하우스 사업(이하 '이 사

건 사업'이라 한다)이 중단되는 등 사업을 통한 대출금의 변제가 불가능해지자 이 사건 대출금의 변제기 연장을 목적으로 원고와 이 사건 담보신탁계약을 체결하고 원고보조참가인(이하 '참가인'이라 한다)을 1순위 우선수익자로 지정한 행위는 특정 채권자에 대한 담보제공행위로서 채무자회생법 제100조 제1항 제1호에 의하여 부인의 대상이 된다고 인정한 다음, 참가인이 엘아이지건설에 이 사건 대출금의 상환을 요구하였다가 추가 담보를 취득한 후 대출금 채무의 기한을 연장한 것은 통상적으로 금융기관이 취해야 할 합리적인 방식으로 대출 관련 업무를 취급한 것으로 볼 수 있는 점, 신용평가서에 의하면 엘아이지건설의 단기 유동성 위험은 대응 가능할 것으로 전망되었고, 실제로 엘아이지건설이 2011. 2. 28.부터 같은 해 3. 10.까지 242억 원가량의 CP를 발행하는 한편 2010. 12. 이후에도 여러 금융기관과 대출거래를 계속해 왔던 점, 엘아이지건설이 이 사건 대출금의 이자를 연체하지 않고 납부하였고, 당시 금융가에서는 계열사인 엘아이지건설에 대한 엘아이지그룹의 지원가능성을 신뢰하고 있었던 점, 엘아이지건설의 재무현황이 2010. 9. 기준 매출액 3,618억 원, 순익 43억 원으로 공시된 점 등을 종합하면, 참가인은 엘아이지건설이 채무초과의 상태에 있거나 곧 채무초과상태로 인하여 회생개시신청을 하게 될 상태에 있음을 알지 못한 채 이 사건 담보신탁계약을 체결하였다고 판단된다는 이유로, 참가인의 선의 항변을 받아들였다.

그러나 원심의 이러한 판단은 다음과 같은 이유로 수긍하기 어렵다.

채무자의 일반재산의 유지·확보를 주된 목적으로 하는 채권자취소권의 경우와 달리, 이른바 편파행위까지 규제 대상으로 하는 채무자회생법의 부인권 제도에 있어서는 반드시 해당 행위 당시 부채의 총액이 자산의 총액을 초과하는 상태에 있어야만 부인권을 행사할 수 있다고 볼 필요가 없으므로(대법원 2005. 11. 10. 선고 2003다271 판결 등 참조), 원심이 참가인을 우선수익자로 하는 이 사건 담보신탁계약을 특정 채권자에 대한 담보제공행위로서 편파행위에 해당한다고 판단하면서 당시 엘아이지건설이 채무초과 상태에 있었는지에 대한 참가인의 인식 여부를 선의 인정의 주된 근거로 삼은 것은 잘못이다.

또한 원심판결 이유와 기록에 의하여 인정되는 다음과 같은 사정, 즉 ① 참가인은 2009. 5. 19. 최초로 시행사인 주식회사 김앤파트너스(이하 '김앤파트너스'라 한다)에 이 사건 대출금을 변제기 1년으로 정하여 대여하였고, 2010. 5. 27. 연대보증인이자 시공사인 엘아이지건설이 김앤파트너스의 채무를 인수하면서 이 사건 대출금의 변제기를 2010. 11. 27.까지로 정하였는데, 이 사건 사업의 공사는 2009. 5.경부터 중단되었고 분양실적도 없었으며, 공매를 통해 이 사건 사업 부지를 취득하기로 한 엘아이지건설이 2010. 10. 21.경 공매예정가가 14,173,000,000 원으로 떨어졌음에도 공매 유찰을 방치하는 등 이 사건 사업의 정상적인 추진이 불가능하였고 참가인도 이와 같은 사정을 잘 알고 있었던 점, ② 참가인은 김앤파트너스와 주식회사 하나다올신탁의 신탁계약에 따른 1순위 우선수익권과 엘아이지건설의 2순위 우선수익권에 대한 근질권, 엘아이지건설이 교부한 백지어음을 담보로 가지고 있었는데, 위와 같이 이 사건 사업을 통한 대출금 회수가 불가능하게 되자, 2010. 11. 26. 엘아이지건설로부터 그 소유의 이 사건 부동산(이 사건 사업과 관계없는 진주시 강남동 소재 51필지 토지로 2010. 10. 6. 당시 감정평가액은 약 182억 원임)에 관한 우선수익권을 추가 담보로 제공받기로 하고 이 사건 대출금의 변제기를 2011. 5. 27.까지로 연장하였고, 엘아이지건설은 같은 날 원고와 사이에 이 사건 부동산에 관하여 부동산 담보신탁계약을 체결한 뒤 참가인을 1순위 우선수익자로 정하였으며, 2010. 11. 29. 이 사건 부동산에 관하여 위 담보신탁을 원인으로 한 원고 명의의 소유권이전등기를 경료하였는데, 추가담보를 제공받으면서 당해 프로젝트 파이낸싱 대출과 관련 없는 토지에 대해 제3자에게 보수를 지급하여야 하는 부동산담보신탁계약을 이용하는 것은 금융거래관행상 이례적이라고 보이는 점, ③ 엘아이지건설의 총차입금, 부채비율이 2008년부터 1년에 2,000억 원씩 증가하는 추세에 있었고, 특히 자기자본 대비 우발채무 비율이 2008년도에 2배에서 2010. 9.경 3.5배까지 증가하여 이 사건 부동산을 추가담보로 제공할 때에도 참가인에게 향후 특수목적법인을 설립하여 과천시 타운하우스 사업의 사업권을 인수시키고 이 사건 대출의 차주를 특수목적법인으로 변경하는 것을 조건으로 내걸었는데 이는 엘아이지건설의 부채비율을 낮추기 위한 것이었던 점, ④ 한국신용정보평가는 엘아이지건설의 단기 유동성 위험에 대하여 '2010. 10. 기준 총 차입금 5,251억 원 중 1년 내 만기도래하는 차입금이 4,803억 원으로 유동성 부담이 존재하고, 엘아이지그룹의 지원 가능성 등을 고려할 경우 대응 가능한 것'으로 전망하고 있어 엘아이지그룹의 지원이 없다면 우발채무로 인한 단기 유동성 위험이 현실화될 가능성이 예상되었고, 실제로 이 사건 담보신탁계약 후 4개월 이내인 2011. 3. 21. 엘아이지건설이 회생을 신청한 점 등을 종합하여 보면, 참가인에게는 채무자인 엘아이지건설과 마찬가지로 회생절차가 개시되는 경우에 적용되는 채권자평등의 원칙을 회피하기 위하여 이 사건 담보신탁계약의 우선수익자로 지정됨으로써 다른 채권자들을 해한다는 인식이 있었다고 볼 여지가 충분하다.

그럼에도 원심은 그 판시와 같은 이유만으로 참가인이 선의의 수익자라는 항변을 받아들였으니, 이러한 원심의 판단에는 고의부인에 있어 수익자의 선의에 관한 법리를 오해하여 판결에 영향을 미친 위법이 있다. 이를 지적하는 상고이유 주장은 이유 있다.

그러므로 나머지 상고이유에 관한 판단을 생략한 채 원심판결을 파기하고, 사건을 다시 심리·판단하도록 원심법원에 환송하기로 하여, 관여 대법관의 일치된 의견으로 주문과 같이 판결한다.

대법관 이인복(재판장) 고영한 김소영(주심) 이기택[5]

---

5) 출처: 대법원 2016. 1. 14. 선고 2014다18131 판결 [부인결정이의] > 종합법률정보 판례

아홉 번째—보복하기 위해서

보복을 하려면 성공을 하라는 속담이 있다. 빚 독촉에서 벗어나려면 간단한 방법이 있다. 일정한 월급을 받고 있는 분은 개인회생을, 직업도 없고 매월 벌이도 없는 사람은 파산신청을 하면 된다. 빚 독촉을 받으면 정신적으로 고통스러워 죽고 싶은 심정이라고 한다. 이럴 때 보복 차원에서 파산신청을 하게 되면 면책신청까지 동시에 서류를 제출하니까, 결정이 날 때까지 대략 1년 정도만 빚쟁이를 피해 다니면 된다. 일단 결정이 나면 자유의 몸이 된다. 그래도 욕을 하면서 돈을 갚으라고 재촉하면 파산 및 면책 결정문을 복사하여 보내주면 끝이다. 파산이란 채무를 갚을 능력이 없는 채무자가 법원에 신청하는 것이다. 파산하면 돈을 일절 변제하지 않아도 된다. 이러한 재판이 있을 때마다 채권자들은 법원 복도에서 판사가 채무자와 짜고 남의 돈을 갚지 않도록 한다면서 파산법을 없애야 한다는 등 고래고래 소리를 지른다.

사례를 들어보자, 모 건설회사 사장이 오피스텔을 건축했는데 분양이 1년 정도 되지 않았다. 이에 은행에서 융자한 돈과 사채를 갚을 길이 없다며 사무실을 찾았다. 자세한 이야기를 들어보려 했더니 지하다방으로 가자고 했다. 자리를 옮기자 안전하다고 느꼈는지 자초지종을 이야기했다. 사장이 운영한 회사는 20여 년이 다 된 이름만 대면 알 수 있는 중견 회사이다. 그런데도 분양이 되지 않아 빚을 변제할 수 없으니 회사 파산신청을 희망한 것이다.

개인적으로 할 이야기는 없냐고 물었다. 회사는 돈이 없는데 자신은 아파트가 2채라고 하면서 자기 재산은 그대로 유지하면서 회사만 부도처리를 하고 싶은데 가능하냐고 물었다. 빌린 돈은 갚는 것이 맞다. 그러나 사실 은행에서 독촉하고 사채업자들도 협박을 많이 해서 그놈들에게 보복하기 위해 부도를 내겠다는 것이었다. 가능한 일이다. 개인과 회사는 별개이므로 당연히 할 수 있다고 했다. 결론적으로 변호사를 대리인으로 선임하여 회사 파산과 면책 모두 결정을 받아주었다.

한 번 파산하면 원칙적으로 5년 이내에는 다시 파산신청을 할 수 없다. 면책이란 파산하기 전으로 신용을 회복해 주는 제도이다. 복권이라고 생각하면 쉬울 것이다.

열 번째─전화 금융 사기에 속아서(보이스피싱)

보이스피싱이란 금융경제범죄이다. 사례를 들어보자. 신용 상태가 좋지 않은 사람에게 신용을 높여 담보 없이 3,000만 원을 대출받도록 해주겠다는 전화가 왔다. 전화를 건 사람은 자신이 금융기관에서 일한다면서, 전화를 끊을 테니 지금 건 전화번호로 알아보라고 한다. 해당 번호로 전화를 걸어보니 금융감독원이라고 응대한다. 이를 믿은 피해자는 다시 전화를 걸어 어떻게 하면 신용을 높일 수 있냐고 묻게 된다.

상대는 우선 계좌번호와 비밀번호를 알려 달라고 요구한다. 돈을 입금했다 뺐다를 반복하여 신용을 올려야 한다는 것이다. 우선 400만 원만 입금하고 하루 정도 기다리면, 피해자 통장으로 3,000만 원을 입금하겠다고 했다. 결국 피해자는 돈을 빌려 400만 원을 입금하였다.

여기서 끝나지 않고 상대방은 피해자가 돈을 200만 원 더 입금하면 신용을 더 올려 담보 없이 대출금 3,500만 원까지 가능하다고 이야기했다. 400만 원도 빌려서 입금했는데 200만 원은 없으니 우선 3,000만 원만 대출받겠다고 피해자는 말했다. 상대는 내일 오후에 은행에 가면 입금을 확인할 수 있다고 했다. 다음 날 3시경 돈을 찾기 위해 은행에서 확인해 보니, 어제 400만 원 입금된 돈은 바로 찾아갔고 대출금은 입금되지 않았다. 그제야 피해자는 사기를 당했다고 생각하고 경찰에 신고했다.

유령 회사를 차려놓고 전화가 오면 금융감독원이라고 속이는 방법이다. 고위층에 계시는 분들도 비슷한 사기를 당할 때가 많다. 이런 경우 경찰이 수사해도 범인을 잡기 어렵다고 생각하고, 결국 누구에게도 이야기할 수 없으니 변호사 사무실을 찾아와 해결책을 찾아 달라고 한다. 하지만 소송하려면 먼저 사기범을 잡아야 한다. 그래야 민사소송이나 형사적 고소 대리를 할 수 있다. 경찰에 신고했지만 범인을 잡지 못한 상태에서는 법적 도움을 받기 어렵다.

다른 사례를 보자. 한 어머니는 아들을 납치하여 데리고 있다며 1,500만 원을 당장 보내지 않으면 자식을 다시는 볼 수 없을 것이란 전화를 받았다. 당황한 자식의 어머니는 곧바로 1,500만 원을 대포 통장으로 입금했다. 하지만 걸려온 전화번호로 전화하자 없는 번호라고 한다. 집에 가보니 아들은 멀쩡히 오락을 하고 있어 어떻게 된 일이냐고 묻자, 자신은 오늘 밖에 나가지도 않았다 한다. 이때도 변호사의 도움을 받기는 어렵다. 하지만 사기를 당한 피해자 입장에서는 법률사무소를 찾지 않을 수 없다.

그렇다면 보이스피싱 사기를 당하지 않는 방법은 없을까? 물론 있다. 모르는 전화를 받으면 최소한 10분 정도 전화를 끊지 말고 계속 통화를 하면서 옆 사람에게 경찰에 신고하도록 하면 경찰이 5분 이내로 출동한다. 바로 범인은 잡히고 현행범으로 수갑을 차게 된다. 사기죄는 미수범도 기수범과 형량이 똑같다. 유령 회사를 차려 본부장이 총괄을 하고 부사장, 팀장, 상담원, 전달책, 유인책 등이 있을 경우에는 한 사건에 6~7명 정도가 공범으로 잡히게 된다. 위 사례 말고도 보이스피싱으로 사기를 당하는 피해자가 수없이 많다.

제 5 장

변호사 없어도
승소할 수 있는 5가지 경우

극형을 선고하기 전의 판사는
자기 목이 매달려지는 것 같은 심정이어야 한다.
- ≪탈무드≫

이럴 땐 절대 변호사를 쓰지 마라

상속과 관련한 사건

상속에 관한 사건은 법률행위가 아니라 법률규정이다. 법률행위는 소송으로 다투어야 하지만, 법률규정은 용어 그대로 법에 그대로 하라고 규정되어 있는 것이다. 예를 들어 양 부모와 아들딸까지 가족 4명이 살다가 아버지가 사망한 경우, 피상속인(사망한 아버지)의 상속 지분은 어머니 1.5, 아들 1, 딸 1이다. 예를 들어 3억 5천만 원의 재산을 남기고 사망한 경우 소송을 하지 않아도 망자의 배우자인 어머니에게 1억 5천만 원, 아들과 딸에게 각각 1억 원이 자동 상속된다. 기한도 없다.

예외로 아들이 부모를 봉양하였으므로 재산을 아들에게 모두 주겠다고 가족 간 의사가 합치되었다면, 상속재산협의서를 작성하여 상속자 전원 날인하여 등기소에 가서 등기신청을 하면 된다. 집에서 전자등기를 신청하면 비용이 절약된다. 이때는 협의서를 스캔하여 등기소에 보내면 된다. 그리고 현금이라면 상속된 금액 전체를 아들 통장에 입금해 주면 그만이다.

딸이 상속을 받아야 하는데 오빠가 동생의 상속분까지 모두 소유권을 이전했다면, 유류분 청구를 하면 된다. 이는 상속 개시를 아는 날로부터 1년 이내 또는 상속 개시된 날로부터 10년 이내에 하면 된다. 여기에서 개시란 상속이 시작된 날(피상속인이 사망한 날)을 말한다. 유류분 청구 양식은 대한법률구조공단 홈페이지에· 들어가면 있다. 중요한 것은 유류분은 실제 상속받을 수 있는 금액의 절반만 청구할 수 있다는 점이다.

본처와 이혼하고 재혼하여 자식을 낳은 경우, 자녀를 타인의 집 양자로 보낸 경우, 아버지인 피상속인이 사망하였다면 이들 모두에게 상속권이 있다. 무슨 말을 하는지 알기 어려울 수 있다. 쉽게 말해 혈통이 같으면 상속 대상이 된다고 생각하면 맞다.

다른 사례를 보자, 병원에 입원 중인 어머니를 딸이 휠체어를 태우고 병원 밖 골목에서 다그친다. 병원비를 내야 하니 어머니 통장과 비밀번호를 알려달라고 하자, 남자 동생(딸에게는 삼촌)에게 이야기해놓았으니 병원비는 걱정하지 않아도 된다고 했다. 딸은 어머니 통장에 있는 돈에서 병원비를 내는지, 아니면 삼촌 돈으로 병원비를 내는지 캐물었다. 그러자 어머니는 자기 통장에서 인출하여 삼촌이 병원비를 계산할 것이라고 말했다.

딸은 자신이 어머니를 간호하지 삼촌이 간호하는 게 아니니, 삼촌에게 시키지 말고 통장의 비밀번호를 알려달라고 사정했다. 결국 어머니는 비밀번호를 알려주었고, 딸은 통장의 2억 5천만 원을 전부 인출하여 병원비도 내지 않고 행방불명되었다.

그 어머니에게 상속인은 딸밖에 없다. 사무실을 찾아온 삼촌은 형사고소를 해야겠다면서 억울함을 말한다. 억울하긴 하지만 친족상도례가 있어서 딸이 어머니의 돈을 가져간 것은 사기나 횡령죄로 처벌할 수 없다. 그 후 2개월 뒤 어머니는 사망하고 말았다. 여기서 교훈을 얻어야 한다.

대학병원에 가면 휠체어 타는 환자들을 자주 보게 된다. 병원 밖으로 나간 경우 한번 살펴보자. 아들이나 딸이 간호하면서 환자인 아버지나 어머니를 협박하여 사망하기 전에 재산을 노리고, 부모에게 목소리를 높이는 것을 심심치 않게 볼 수 있다. 휠체어를 타고 등기소까지 방문하여 부동산 소유권을 이전하고, 위와 같이 통장의 돈도 모두 빼앗아 간다. 이런 문제를 방지하려면 반드시 간병인에게 간호를 받는 것이 좋다. 가족이 간병한 경우에 재산상속에서 기여분(간병의 댓가)을 청구할 수 있는지 전원합의체의 판례를 통해 알아보자. 전원합의체 결정이나 판결이란 대법관 13명 모두가 참여하여 심리하고 다수결로 판결하는 것을 말한다.

대법원 2019. 11. 21. 자 2014스44, 45 전원합의체 결정
[상속재산분할·상속재산분할] 〈피상속인의 전처가 낳은 자녀들인
청구인들이 피상속인의 후처와 후처가 낳은 자녀들인 상대방들을
상대로 본심판으로 상속재산분할을 청구하고, 상대방들은 청구인들을
상대로 반심판으로 기여분결정을 청구한 사건〉[공2020상,27]

【판시사항】
[1] 피상속인의 배우자가 장기간 피상속인과 동거하면서 피상속
인을 간호한 경우, 그 배우자에게 민법 제1008조의2에 따른 기
여분을 인정할 것인지 여부와 그 정도를 판단하는 기준

[2] 피상속인 갑과 전처인 을 사이에 태어난 자녀들인 상속인
병 등이 갑의 후처인 정 및 갑과 정 사이에 태어난 자녀들인 상
속인 무 등을 상대로 상속재산분할을 청구하자, 정이 갑이 사망
할 때까지 장기간 갑과 동거하면서 그를 간호하였다며 병 등을
상대로 기여분결정을 청구한 사안에서, 정이 처로서 통상 기대
되는 정도를 넘어 법정상속분을 수정함으로써 공동상속인들 사
이의 실질적 공평을 도모하여야 할 정도로 갑을 특별히 부양하
였다거나 갑의 재산 유지·증가에 특별히 기여하였다고 인정하
기에 부족하다는 이유로 정의 기여분결정 청구를 배척한 원심판
단에는 민법 제1008조의2에서 정한 기여분 인정 요건에 관한
법리오해 등의 잘못이 없다고 한 사례

【판결요지】
[1] [다수의견] 배우자가 장기간 피상속인과 동거하면서 피상속인을
간호한 경우, 민법 제1008조의2의 해석상 가정법원은 배우자의 동
거·간호가 부부 사이의 제1차 부양의무 이행을 넘어서 '특별한 부
양'에 이르는지 여부와 더불어 동거·간호의 시기와 방법 및 정도뿐

아니라 동거·간호에 따른 부양비용의 부담 주체, 상속재산의 규모와 배우자에 대한 특별수익액, 다른 공동상속인의 숫자와 배우자의 법정상속분 등 일체의 사정을 종합적으로 고려하여 공동상속인들 사이의 실질적 공평을 도모하기 위하여 배우자의 상속분을 조정할 필요성이 인정되는지 여부를 가려서 기여분 인정 여부와 그 정도를 판단하여야 한다.

배우자의 장기간 동거·간호에 따른 무형의 기여행위를 기여분을 인정하는 요소 중 하나로 적극적으로 고려할 수 있다. 다만 이러한 배우자에게 기여분을 인정하기 위해서는 앞서 본 바와 같은 일체의 사정을 종합적으로 고려하여 공동상속인들 사이의 실질적 공평을 도모하기 위하여 배우자의 상속분을 조정할 필요성이 인정되어야 한다.

[대법관 조희대의 반대의견] 피상속인의 배우자가 상당한 기간에 걸쳐 피상속인과 동거하면서 간호하는 방법으로 피상속인을 부양한 경우, 배우자의 이러한 부양행위는 민법 제1008조의2 제1항에서 정한 기여분 인정 요건 중 하나인 '특별한 부양행위'에 해당하므로, 특별한 사정이 없는 한 배우자에게 기여분을 인정하여야 한다.

[2] 피상속인 갑과 전처인 을 사이에 태어난 자녀들인 상속인 병 등이 갑의 후처인 정 및 갑과 정 사이에 태어난 자녀들인 상속인 무 등을 상대로 상속재산분할을 청구하자, 정이 갑이 사망할 때까지 장기간 갑과 동거하면서 그를 간호하였다며 병 등을 상대로 기여분결정을 청구한 사안에서, 갑이 병환에 있을 때 정이 갑을 간호한 사실은 인정할 수 있으나, 기여분을 인정할 정도로 통상의 부양을 넘어서는 수준의 간호를 할 수 있는 건강 상태가 아니었고, 통상 부부로서 부양의무를 이행한 정도에 불과하여 정이 처로

서 통상 기대되는 정도를 넘어 법정상속분을 수정함으로써 공동 상속인들 사이의 실질적 공평을 도모하여야 할 정도로 갑을 특별히 부양하였다거나 갑의 재산 유지·증가에 특별히 기여하였다고 인정하기에 부족하다는 이유로 정의 기여분결정 청구를 배척한 원심판단에는 민법 제1008조의2에서 정한 기여분 인정 요건에 관한 법리오해 등의 잘못이 없다고 한 사례.

【참조조문】
[1] 민법 제826조 제1항, 제1008조, 제1008조의2 제1항, 제2항, 제4항, 제1009조, 제1013조 제2항, 가사소송법 제2조 제1항 제2호 (나)목, 가사소송규칙 제112조 제2항 [2] 민법 제826조 제1항, 제1008조, 제1008조의2 제1항, 제2항, 제4항, 제1009조, 제1013조 제2항, 가사소송법 제2조 제1항 제2호 (나)목, 가사소송규칙 제112조 제2항

【참조판례】
[1] 대법원 1995. 3. 10. 선고 94다16571 판결(공1995상, 1576)
대법원 1996. 7. 10.자 95스30, 31 결정(공1996하, 2495)
대법원 1998. 12. 8. 선고 97므513, 520, 97스12 판결(공1999상, 123)
대법원 2011. 12. 13.자 2011스176, 177 결정
대법원 2012. 10. 12.자 2010스7 결정
대법원 2012. 12. 27. 선고 2011다96932 판결(공2013상, 235)
대법원 2013. 5. 30.자 2010스28, 29 결정
대법원 2014. 11. 25.자 2012스156, 157 결정
대법원 2014. 11. 25.자 2013스112, 113 결정
대법원 2015. 3. 5.자 2013스195 결정
대법원 2015. 7. 17.자 2014스206, 207 결정(공2015하, 1247)

대법원 2017. 8. 25.자 2014스26 결정(공2017하, 1855)

헌법재판소 2011. 11. 24. 선고 2010헌바2 전원재판부 결정(헌공 182, 1790)

헌법재판소 2017. 4. 27. 선고 2015헌바24 전원재판부 결정(헌공 247, 456)

【전 문】

【청구인(반심판 상대방), 피재항고인】
청구인(반심판 상대방) 1 외 8인 (소송대리인 변호사 정주교)

【상대방(반심판 청구인), 재항고인】
상대방(반심판 청구인) 1 외 2인 (소송대리인 법무법인 나눔 외 1인)

【원심결정】 서울고법 2014. 1. 8.자 2013브12, 13 결정

【주 문】
재항고를 모두 기각한다. 청구인(반심판 상대방)들의 소송수계신청을 모두 기각한다. 재항고비용 중 소송수계신청으로 인한 부분은 청구인(반심판 상대방)들이, 재항고로 인한 부분은 상대방(반심판 청구인)들이 각 부담한다.

【이 유】
재항고이유(재항고이유서 제출기간이 지난 후에 제출된 참고서면 등의 기재는 재항고이유를 보충하는 범위 내에서)를 판단한다.

1. 배우자의 상당한 기간 동거·간호에 따른 기여분 인정 여부(재항고이유 제3점)

가. 기여분 제도

기여분 제도는 1990. 1. 13. 법률 제4199호로 민법이 개정되면서 신설되어 1991. 1. 1. 시행되었다(이하 당시 민법을 '개정 전 민법'이라 한다). 개정 전 민법 제1008조의2 제1항은 "공동상속인 중에 피상속인의 재산의 유지 또는 증가에 관하여 특별히 기여한 자(피상속인을 특별히 부양한 자를 포함한다)가 있을 때"라고 요건을 규정하였다. 그 후 위 조항의 요건 부분이 2005. 3. 31. 법률 제7427호로 개정되어 "공동상속인 중에 상당한 기간 동거·간호 그 밖의 방법으로 피상속인을 특별히 부양하거나 피상속인의 재산의 유지 또는 증가에 특별히 기여한 자가 있을 때"로 규정하고 있다(이하 2005년 개정된 민법을 '개정 민법'이라 한다).

나. 배우자의 부양에 따른 기여분 인정 여부에 대한 대법원 판례

대법원은 일관하여 민법 제1008조의2가 정한 기여분 제도가 공동상속인 중에 피상속인을 특별히 부양하였거나 피상속인의 재산 유지·증가에 특별히 기여하였을 경우 이를 상속분 산정에서 고려함으로써 공동상속인들 사이의 실질적 공평을 도모하려는 것이므로, 기여분을 인정하기 위해서는 공동상속인들 사이의 공평을 위하여 상속분을 조정하여야 할 필요가 있을 만큼 피상속인을 특별히 부양하였다거나 상속재산의 유지·증가에 특별히 기여하였다는 사실이 인정되어야 한다고 판시하여 왔다.

즉 대법원 1996. 7. 10.자 95스30, 31 결정이 '특별한 기여'를 필요로 한다는 취지로 판시한 이래 대법원 2011. 12. 13.자 2011스176,

177 결정에서 위 법리를 확인하였고, 대법원 2012. 10. 12.자 2010스7 결정, 대법원 2014. 11. 25.자 2012스156, 157 결정, 대법원 2015. 3. 5.자 2013스195 결정, 대법원 2015. 7. 17.자 2014스206, 207 결정에서도 위 법리가 유지되었다. 이러한 법리는 민법 제1008조의2 제1항의 개정 전후를 비교하여 차이를 두지 않고 있으므로 위 조항의 개정에 상관없이 기여분 제도에 관한 대법원의 기본적 법리로 자리매김하였다.

한편 대법원 판례는 기여분결정 청구를 한 공동상속인의 '신분상의 지위'에 따라 기여분 인정 여부를 달리하지 않았다.

대법원 2012. 10. 12.자 2010스7 결정과 대법원 2014. 11. 25.자 2013스112, 113 결정은 배우자의 기여분 인정 여부를 판단함에 있어 위 법리를 따랐고, 대법원 1998. 12. 8. 선고 97므513, 520, 97스12 판결은 딸의 기여분결정 청구를 인정함에 있어, 대법원 2011. 12. 13.자 2011스176, 177 결정은 딸의 기여분결정 청구를 배척함에 있어, 대법원 2013. 5. 30.자 2010스28, 29 결정과 대법원 2014. 11. 25.자 2012스156, 157 결정은 아들의 기여분결정 청구를 배척함에 있어 각각 위 법리를 따라 같은 기준으로 판단하였다.

다. 대법원 판례의 법리적 근거
이에 대하여 배우자의 경우에는 상당한 기간 투병 중인 피상속인과 동거하면서 피상속인을 간호한 경우에는 그 사정만으로 '특별한 부양행위'에 해당한다고 보아 반드시 기여분을 인정하여야 한다는 견해가 있으므로, 아래에서는 현재의 대법원 판례가 법리적 및 현실적으로 타당하여 유지되어야 하는 근거를 살펴보기로 한다.

(1) 민법 규정의 문리적 해석

(가) 민법 제1008조의2의 규정 내용
민법 제1008조의2는 제1항에서 정한 공동상속인 중에 피상속인을 특별히 부양하거나 피상속인의 재산 유지·증가에 특별히 기여한 것을 요건으로 하여 제2항에서 공동상속인들 사이에 협의가 되지 않는 경우 가정법원은 기여의 시기·방법 및 정도와 상속재산의 액 기타의 사정을 참작하여 기여분을 정한다고 규정하고 있다. 나아가 제3항에서 기여분은 상속이 개시된 때의 피상속인 재산가액에서 유증의 가액을 공제한 액을 넘지 못한다고 규정하고 있다.

(나) 기여분결정 심판사건과 가사비송절차에 따른 판단
한편 기여분결정 청구는 상속재산분할 청구(민법 제1013조 제2항), 상속분 상당 가액지급 청구(민법 제1014조)를 하는 경우에 할 수 있고(민법 제1008조의2 제4항), 기여분결정 심판은 같은 상속재산에 관한 상속재산분할 등 심판에 병합하여 심리하고 재판하여야 한다(가사소송규칙 제112조 제2항).

상속재산분할 심판사건과 기여분결정 심판사건은 모두 마류 가사비송사건이다[가사소송법 제2조 제1항 제2호 (나)목 9), 10)]. 상속재산분할 심판사건의 결과가 사법상의 권리·재산관계를 넘어 가족공동체에 영향을 미치는 특수성에 비추어 가정법원은 당사자의 주장에 구애받지 않고 여러 사정을 고려하여 후견적 재량에 따라 합목적적으로 판단하여야 할 필요성이 크기 때문에 가정법원의 후견적 재량이 인정되는 가사비송절차에 의하도록 한 것이다(헌법재판소 2017. 4. 27. 선고 2015헌바24 전원재판부 결정 참조). 그 입법 취지는 상속재산분할 심판사건에 병합하여 심리하여야 하는 기여분결정 심판사건에서도 같다. 따라서 기여분결정 심판사건에서 가정법원은 당사자의 주장에 구애받지 않고 후견적 재량에 따라 청구인이 주장하는 부양 또는 재산적 기여가 법정상속분을 수정하여야 할 정도에 이르는지 여부 및 그 정도를 판단한다.

만약 공동상속인 중 하나인 배우자가 투병 중인 피상속인과 동거하면서 피상속인을 간호한 경우 이러한 특정 형태의 부양에 대하여는 다른 사정을 고려하지 않고 반드시 기여분을 인정하여야 한다면, 위와 같은 가사소송법에 따라 일체의 사정을 고려하여 후견적 재량에 따른 판단으로 기여분을 정하도록 한 민법 및 가사소송법과 달리 법령의 근거 없이 예외를 설정하는 결과가 되어 입법 취지에 부합하지 않는다.

(다) 민법 제1008조의2 제1항과 제2항을 비롯한 마류 가사비송사건에 관한 규정의 해석

민법 제1008조의2 제1항은 기여분 인정 요건을 규정하고 제2항은 "가정법원은 … 기여분을 정한다."라고 규정하는 형식으로 이루어져 있다. 위 규정을 해석할 때 가정법원이 후견적 재량을 발휘하여 합목적적으로 판단하여야 하는 가사비송사건의 특성을 반영하여야 한다. 따라서 민법 제1008조의2 제1항과 제2항은 앞에서 본 것처럼 가정법원이 일체의 사정을 참작하여 기여분의 인정 여부 및 그 정도를 정해야 한다는 취지로 해석하여야 한다.

다른 마류 가사비송사건에 관한 조문도 모두 그 인정 요건과 인정의 정도를 구분해서 규정하지 않고 종합적으로 그 인정 여부 및 정도를 결정하도록 규정하고 있다. 이혼으로 인한 재산분할에 관한 처분[가사소송법 제2조 제1항 제2호 (나)목 4)]을 정한 민법 제839조의2 제1항은 일방 배우자가 다른 일방에 대하여 재산분할을 청구할 수 있다고 규정하고, 제2항은 가정법원이 당사

자 쌍방의 협력으로 이룩한 재산의 액수 기타 사정을 참작하여 분할의 액수와 방법을 정한다고 규정하는데, 제1항과 제2항을 종합하여 가정법원이 분할의 인정 여부와 그 분할의 정도를 정해야 하는 것으로 해석·운용하고 있다. 또한 친족 간 부양에 관한 처분[가사소송법 제2조 제1항 제2호 (나)목 8), 민법 제974조, 제977조], 이혼에 따른 자녀의 양육에 관한 처분과 그 변경[가사소송법 제2조 제1항 제2호 (나)목 3), 민법 제837조, 제837조의2]에 관한 해석도 같다.

(2) 부부의 부양의무와 기여분 인정 요건으로서 특별한 부양행위의
　　관계
배우자의 동거·간호 등 부양행위와 기여분의 관계는 부부간 및 친족 간 부양에 관한 민법 체계와 조화를 이루어 판단되어야 한다.

부부는 동거하며 서로 부양하고 협조하여야 한다(민법 제826조 제1항 본문). 부부 사이의 부양과 협조는 부부가 서로 자기의 생활을 유지하는 것과 같은 수준으로 상대방의 생활을 유지시켜 주는 것을 의미한다(대법원 2017. 8. 25.자 2014스26 결정 참조). 부부 사이의 상호부양의무는 혼인관계의 본질적 의무이고 부양받을 자의 생활을 부양의무자의 생활과 같은 정도로 보장하여 부부 공동생활을 유지할 수 있게 하는 것을 내용으로 하는 제1차 부양의무이다(대법원 2012. 12. 27. 선고 2011다96932 판결 참조).

반면 성년인 자녀가 부모에 대하여 직계혈족으로서 민법 제974조 제1호, 제975조에 따라 부담하는 부양의무는 부양의무자가 자기의 사회적 지위에 상응하는 생활을 하면서 생활에 여유가 있음을

전제로 부양을 받을 자가 자력 또는 근로에 의하여 생활을 유지할 수 없는 경우에 한하여 그의 생활을 지원하는 것을 내용으로 하는 제2차 부양의무이다.

앞서 본 대법원 1996. 7. 10.자 95스30, 31 결정은 배우자인 청구인이 기여분을 주장함에 대하여 배우자의 간호가 부부 사이의 부양의무 이행의 일환일 뿐이고 상속재산 취득에 특별히 기여한 것으로 볼 수 없으며 배우자가 혼인생활 중에 상속재산보다 많은 부동산을 취득한 점 등에 비추어 상속재산의 취득과 유지에서 배우자로서 통상 기대되는 정도를 넘어 특별히 기여한 경우에 해당한다고는 볼 수 없다고 한 원심결정을 수긍하였고, 대법원 2012. 10. 12.자 2010스7 결정은 배우자가 피상속인과 목욕탕을 운영하면서 건물을 신축하여 공유하였고 약 6년 동안 피상속인을 간호한 사안에서 기여분결정 청구를 배척한 원심결정에 법리를 오해한 잘못이 없다고 판단하였다. 따라서 기여분 인정요건으로서 특별한 부양행위란 피상속인과 상속인 사이의 신분관계로부터 통상 기대되는 정도를 넘는 부양을 의미한다고 할 것이고 법률상 부양의무의 범위에서 피상속인을 부양한 행위는 법적 의무의 이행이라고 보아야 할 것이어서 특별한 부양행위에 해당하지 않는다.

민법은 배우자에게 더 높은 정도의 동거·부양의무를 부담시키고 있다. 대신 뒤에서 보는 바와 같이 배우자가 피상속인과 혼인이 유지되는 동안 동거·부양의무를 부담하는 측면은 공동상속인의 상속분의 5할을 가산하여 정하는 배우자의 법정상속분에 일부 포함되어 있으므로, 배우자의 통상적인 부양을 그와 같이 가산된 법정상속분을 다시 수정할 사유로 볼 수 없다.

그런데도 장기간 동거·간호하였다는 점을 이유로 배우자에게
만 기여분을 인정한다면 제1차 부양의무로서 부부 사이의 상호
부양의무를 정하고 있는 민법 규정과 부합하지 않게 된다.

(3) 상속제도와 공동상속인 사이의 형평
민법은 상속인이 피상속인의 재산에 관한 포괄적 권리의무를 승계하
도록 규정하면서(제1005조) 상속인의 순위와 상속분을 법정하고 있
다(제1000조, 제1003조, 제1009조). 균분상속(1990. 1. 13. 민법 개
정)으로 공동상속인들 사이의 형평을 꾀하는 한편 배우자가 피상속
인과 혼인이 유지되는 동안 동거·부양의무를 부담하는 사정을 참작
하여 배우자의 상속분은 공동상속인의 상속분의 5할을 가산하여 정
하도록 한다(제1009조 제2항). 이는 중요한 입법적 결단이다.

한편 기여분은 구체적 사건에서 인정되는 사정에 따라 법정상속
분을 수정하는 제도이다. 공동상속인 중 특정한 신분상의 지위
를 가진 상속인의 특정한 행위에 대하여 기여분을 절대적으로
인정하면 결국 해석에 의하여 법정상속분을 변경하는 것과 마찬
가지의 결과가 되고 위에서 본 민법의 입법 취지에 반할 우려가
있다.

(4) 특별수익제도 및 부양비용 부담과의 비교
특별수익과 기여분은 모두 법정상속분을 수정하는 요소로서 상속
재산분할 사건의 심판에서 기여분을 정할 때 특별수익의 존부를
고려하지 않을 수 없다.

민법 제1008조는 특별수익에 관하여 공동상속인 중에 피상속인으로부
터 재산의 증여 또는 유증을 받은 자가 있는 경우에 그 수증재산이 자
기의 상속분에 달하지 못한 때에는 그 부족한 부분의 한도에서 상속분

이 있다고 규정한다. 이는 공동상속인 중에 피상속인으로부터 재산의 증여 또는 유증을 받은 특별수익자가 있는 경우 공동상속인들 사이의 공평을 기하기 위하여 그 수증재산을 상속분의 선급으로 다루어 구체적인 상속분을 산정함에 있어 참작하도록 하려는 데 그 취지가 있다(대법원 1995. 3. 10. 선고 94다16571 판결, 대법원 2015. 7. 17.자 2014스206, 207 결정 참조).

상속재산분할 심판에서 상속인별 구체적 상속분액의 산정은 피상속인의 상속 개시 당시의 재산, 특별수익액과 기여분을 모두 반영하여 계산하는 과정을 거쳐 이루어진다. 그리고 공동상속인 중 이른바 초과특별수익자가 있는 경우 그 초과된 부분은 나머지 상속인들의 부담으로 돌아가게 된다.

만약 피상속인이 배우자에게 이미 상당한 재산을 증여 또는 유증하여 그 배우자가 초과특별수익자가 됨에도 불구하고 그 배우자에게 장기간의 동거·간호를 이유로 기여분까지 인정한다면, 나머지 공동상속인들과의 공평을 심하게 해하게 될 것이다.

그 밖에 배우자가 장기간 피상속인과 동거하며 간호를 하였으되, 이에 소요되는 비용을 피상속인의 재산에서 지출하였거나 다른 공동상속인이 부담한 경우 이를 고려하지 않고 기여분을 인정한다면 위와 마찬가지로 나머지 공동상속인들과의 공평을 해하는 문제가 발생하게 될 것이다.

(5) 2005년 민법 개정에 따른 법리의 변경 필요성 여부
개정 민법상 기여분 규정은 개정 전 민법상의 '특별한 부양'이라는 요건을 '피상속인의 재산의 유지 또는 증가에 특별히 기여한

자'로부터 분리하고, '특별한 부양'의 행위 태양을 '상당한 기간 동거·간호 그 밖의 방법으로 피상속인을 특별히 부양한 것'으로 구체화하였다고 평가된다. 그 개정 취지는 개정 전 민법이 1991년 시행되어 균분상속이 실현되는 반면 실질적 형평의 침해를 방지하기 위해 기여분 제도가 신설되었는데, 기여분 제도의 시행결과 기존 기여분 규정만으로는 노친부양을 유도하기에 부족하다고 판단되었고 상당한 기간 동거하면서 피상속인을 부양한 자에게도 기여분이 인정될 수 있도록 하려는 것이다(헌법재판소 2011. 11. 24. 선고 2010헌바2 전원재판부 결정 참조).

개정 내용·취지에 비추어 보더라도 개정 민법으로 인해 기여분 인정 요건이 근본적으로 변화하였다고 보기 어렵다. 민법상 부양의무의 이행으로 평가될 만한 장기간의 동거·간호를 종전과 달리 공동상속인 중 하나인 배우자에게만 기여분 인정 요건으로 보아야 할 이유나 근거를 찾을 수 없다.

(6) 배우자 보호 필요성과의 관계
우리 사회에서 법정상속분만으로는 배우자 보호에 미흡한 경우가 많은 현실을 반영하여 그 간극을 메우는 방법으로 기여분 제도를 이용하자는 주장이 있다. 문제 제기에 공감할 부분이 있지만, 문제를 해결함에 있어 기여분의 요건을 거의 묻지 않거나 아주 완화해서 해석함으로써 거의 모든 배우자에 대하여 기여분을 인정하자는 것이므로 현행법의 해석론으로 받아들이기 어렵다.

공동상속인이 다수인 경우(특히 1순위 상속인인 자녀가 다수인 경우) 배우자의 상속분이 극히 적어지는 문제가 생긴다고 지적하면서 배우자의 기여분 인정 요건을 완화하여 법정상속분의 불균형을 시정하여야 한다는 주장도 있다.

법정상속분의 결정은 중요한 입법적 결단이고 자녀의 수가 많은 경우 배우자의 상속분이 낮아지는 문제점은 공동상속인 균분제도를 취하는 법제에서 발생하는 부득이한 결과이다. 한편 핵가족화로 자녀의 수가 감소하는 추세에 따라 배우자의 상속분 비중이 높아지고 있으므로 이러한 사회적 변화까지 고려한다면 배우자를 보호하기 위하여 기여분 인정 요건을 확립된 판례와 달리 완화하여 해석해야 할 현실적 필요성은 적어진다고 할 것이다.

(7) 소결론

배우자가 장기간 피상속인과 동거하면서 피상속인을 간호한 경우, 민법 제1008조의2의 해석상 가정법원은 배우자의 동거·간호가 부부 사이의 제1차 부양의무 이행을 넘어서 '특별한 부양'에 이르는지 여부와 더불어 동거·간호의 시기와 방법 및 정도뿐 아니라 동거·간호에 따른 부양비용의 부담 주체, 상속재산의 규모와 배우자에 대한 특별수익액, 다른 공동상속인의 숫자와 배우자의 법정상속분 등 일체의 사정을 종합적으로 고려하여 공동상속인들 사이의 실질적 공평을 도모하기 위하여 배우자의 상속분을 조정할 필요성이 인정되는지 여부를 가려서 기여분 인정 여부와 그 정도를 판단하여야 한다.

라. 무형의 비재산적 기여행위에 대한 적극적 고려

이상에서 살펴본 바와 같이 피상속인의 배우자가 장기간 피상속인과 동거하면서 피상속인을 간호하여 부양한 사정만으로 배우자에 대하여 기여분을 인정할 수 있는 것은 아니지만, 기여분을 인정하는 요소 중 하나로 적극적으로 고려해 나가는 방향으로 기여분결정 심판 실무를 개선할 여지는 있다.

우리 사회의 핵가족화에 더하여 기대여명의 증가로 인하여 긴 노년기에 건강상태마저 악화되는 경우에는 타인으로부터 간호를 받아야 하는 상태에 처할 수 있고, 그 기간은 민법이 예정하지 못하였던 정도로 장기에 이를 수 있다. 그런데 아직 우리 사회의 공적 부조나 사회복지는 이러한 문제를 해결하기에 충분치 못한 측면이 있다. 피상속인이 노년기에 긴 투병생활을 할 때 그와 동거하며 간호하는 일은 결국 배우자의 몫이 될 가능성이 높다.

가정법원이 그동안 기여분 인정 요건에 '특별한 부양행위'와 '재산 유지·증가 기여행위'중 후자에만 높은 비중을 두고 기여분이 갖는 상속분에 대한 영향을 크게 생각한 나머지 동거·간호와 부양이 갖는 무형의 비재산적 기여행위를 과소평가한 것은 아닌지 진지하게 돌아볼 필요가 있다.

배우자의 장기간 동거·간호에 따른 무형의 기여행위를 기여분을 인정하는 요소 중 하나로 적극적으로 고려할 수 있을 것이다. 다만 이러한 배우자에게 기여분을 인정하기 위해서는 앞서 본 바와 같은 일체의 사정을 종합적으로 고려하여 공동상속인들 사이의 실질적 공평을 도모하기 위하여 배우자의 상속분을 조정할 필요성이 인정되어야 할 것이다.

마. 이 사건의 판단

(1) 원심결정 이유와 기록에 의하면, 다음과 같은 사실을 알 수 있다.
(가) 피상속인 신청외 1(1918년생, 이하 '피상속인'이라 한다)은 1940. 10. 1. 신청외 2(1916년생)와 혼인하여 그 사이에 청구인(반심판 상대방, 이하 '청구인'이라고만 한다)들 9명을 자녀로 두었다. 피상속인은 1971년 초 상대방(반심판 청구인, 이하 '상대방'이라고만 한다) 1(1944년생)을 만나 중혼적 사실혼 관계에 있었

고, 그 사이에 상대방 2, 상대방 3을 자녀로 두었다. 신청외 2는 1984. 7. 26. 사망하였고, 피상속인과 상대방 1은 1987. 5. 16.에 이르러 혼인신고를 하였다. 즉, 상대방 1이 피상속인과 동거한 기간은 중혼적 사실혼 기간을 제외하면 신청외 2와 피상속인의 혼인 기간보다도 10년이 짧다.

(나) 상대방 1은 피상속인이 2008. 3. 1. 사망할 때까지 피상속인 소유 주택에서 함께 살았다. 상대방 1은 피상속인을 간호하는 기간 별다른 직업이 없었고 상대방 2, 상대방 3도 마찬가지였다. 상대방들은 대체로 피상속인의 수입에 의존해서 생활을 영위했고, 피상속인을 간호할 때 소요된 비용의 상당 부분도 실질적으로 피상속인의 수입이나 재산에서 충당했을 것으로 보인다. 이와 달리 상대방들이 피상속인과 무관하게 독자적인 경제활동을 통한 소득으로 그들의 생활비를 충당하였음을 보여주는 자료는 원심에 이르기까지 제출되지 않았다. 상대방 1의 특별수익액은 총특별수익액의 약 30%에 해당하는 규모로서 가장 많고, 상대방 2, 상대방 3은 초과특별수익자에 해당한다. 반면에 청구인 3, 청구인 5, 청구인 9를 제외한 나머지 청구인들 6명은 피상속인으로부터 특별수익을 전혀 받지 못하였다.

(다) 피상속인은 2003. 3.부터 2008. 3. 사망할 때까지 여러 병원에서 통원치료를 받아 왔고 10여 회에 걸쳐 입원치료도 받았다. 상대방 1은 그 대부분 기간 피상속인을 간호하였다. 다만 상대방 1은 2008. 1. 암 수술을 받아 그 무렵에는 피상속인을 간호할 수 없었다.

(라) 상대방 1의 법정상속분은 25분의 3으로 12%에 해당한다. 청구인들의 법정상속분은 각 25분의 2로 8%에 해당한다.

(2) 원심은 피상속인이 병환에 있을 때 상대방 1이 피상속인을 간호한 사실은 인정할 수 있으나, 기여분을 인정할 정도로 통상의 부양을 넘어서는 수준의 간호를 할 수 있는 건강 상태가 아니었고, 통상 부부로서 부양의무를 이행한 정도에 불과하여 상대방 1이 처로서 통상 기대되는 정도를 넘어 법정상속분을 수정함으로써 공동상속인들 사이의 실질적 공평을 도모하여야 할 정도로 피상속인을 특별히 부양하였다거나 피상속인의 재산 유지·증가에 특별히 기여하였다고 인정하기에 부족하다는 이유로 상대방 1의 기여분결정 청구를 배척하였다.

원심결정 이유를 앞서 본 법리와 기록에 비추어 살펴보면, 이러한 원심의 판단에 재항고이유 주장과 같이 민법 제1008조의2에서 정한 기여분 인정 요건에 관한 법리를 오해하여 필요한 심리를 다하지 않아 재판에 영향을 미친 잘못이 없다.

(3) 또한 원심은 상대방 2에 대하여 기여분을 인정할 정도로 기여행위가 있었다고 보기 어렵고 상대방 상대방 3에 대해서는 특별한 부양을 인정할 아무런 증거가 없다는 이유로 상대방 2, 상대방 3의 기여분에 관한 주장을 배척하였다. 관련 법리와 기록에 비추어 살펴보면, 이러한 원심의 판단에 재항고이유 주장과 같이 기여분에 관한 법리를 오해하여 필요한 심리를 다하지 않거나 판단을 누락한 잘못은 없다.

2. 배우자의 특별수익 산정(재항고이유 제1, 5점)

원심은 경북 영덕군 ○○면 △△리에 있는 대지, 같은 군 □□면 ◇◇리에 있는 대지와 위 △△리 대지 지상 건물은 피상속인이 매수하거나 신축하여 상대방 1에게 증여한 것이나 마찬가지로 보이고, 공동상속인들 사이의 형평성 등에 비추어 볼 때, 이들 대지와 위

건물의 상속 개시 당시 시가평가액을 상대방 1의 특별수익으로 산정하는 것이 타당하다고 판단하였다.

관련 법리와 기록에 비추어 살펴보면, 이러한 원심판단에 재항고이유 주장과 같이 배우자의 특별수익 산정에 관한 법리를 오해하여 재판에 영향을 미친 잘못이 없다.

3. 특별수익 산정의 기준이 되는 시기(재항고이유 제2점)

원심은 상속 개시 당시를 기준으로 상대방 2, 상대방 3이 특별수익한 임야 가액에 송이채취권을 반영하여 특별수익을 평가하였다.

관련 법리와 기록에 비추어 살펴보면, 이러한 원심판단에 재항고이유 주장과 같이 관련 법리를 오해하는 등의 잘못이 없다.

4. 상속재산 분할협의의 인정 여부(재항고이유 제4점)

원심은 원심결정 별지1 목록 순번 3, 4 기재 부동산에 관한 묵시적인 상속재산 분할협의를 인정할 수 없음을 전제로 분할대상 상속재산에 위 부동산을 포함시켰다.

관련 법리와 기록에 비추어 살펴보면, 이러한 원심판단에 재항고이유 주장과 같이 상속재산의 일부 분할협의, 특별수익, 상속재산 분할의 대상에 관한 법리를 오해하여 재판에 영향을 미친 잘못이 없다.

5. 청구인들의 소송수계신청에 대하여

청구인들은 2014. 10. 21. 상대방 1이 2014. 8. 8. 사망하여 상대방 2, 상대방 3이 이 사건 소송과 관련한 상대방 1의 권리·의무를 승계하였다고 주장하면서 재항고이유서 제출기간이 경과한 후에 소송수계신청을 하였다. 그러나 재항고심의 재판절차 진행경과에 비추어 볼 때 상대방 2, 상대방 3이 상대방 1의 소송을 수계할 필요성이 있다고 볼 수 없으므로, 위 소송수계신청은 받아들이지 아니한다.

6. 결론

그러므로 재항고를 모두 기각하고, 청구인들의 소송수계신청을 모두 기각하며, 재항고비용 중 소송수계신청으로 인한 부분은 청구인들이, 재항고로 인한 부분은 상대방들이 각 부담하기로 하여 주문과 같이 결정한다. 이 결정에는 배우자의 상당한 기간 동거·간호에 따른 기여분 인정 여부에 관하여 대법관 조희대의 반대의견이 있는 외에는 관여 법관의 의견이 일치되었다.

7. 배우자의 상당한 기간 동거·간호에 따른 기여분 인정 여부에 관한 대법관 조희대의 반대의견

가. 이 부분에 관한 다수의견의 요지는 다음과 같다. 즉, 피상속인의 배우자가 장기간 피상속인과 동거하면서 간호하는 방법으로 피상속인을 부양한 경우, 배우자의 기여분 인정 여부와 그 정도는 민법 제1008조의2의 문언상 가정법원이 배우자의 동거·간호가 부부 사이의 제1차 부양의무 이행을 넘어서 '특별한 부양'에 이르는지 여부와 더불어 동거·간호의 시기와 방법 및 정도뿐 아니라 동거·간호에 따른 부양비용의 부담 주체, 상속재산의 규모와 배우자에 대한 특별수익액, 다른 공동상속인의 숫자와 배우자의 법정상속분 등 일체의 사정을 종합적으로 고려하여 공동상속인들 사이의 실질적 공평을 도모하기 위하여 배우자의 상속분을 조정할 필요성이 인정되는지 여부를 따져서 판단하여야 한다. 다만 배

우자의 장기간 동거·간호에 따른 무형의 기여행위를 기여분을 인정하는 요소 중 하나로 적극적으로 고려할 수 있지만, 앞서 본 일체의 사정을 종합적으로 고려하여 공동상속인들 사이의 실질적 공평을 도모하기 위하여 배우자의 상속분을 조정할 필요성이 인정되어야 할 것이다.

그러나 이러한 다수의견에는 찬성할 수 없다.

나. 피상속인의 배우자가 상당한 기간에 걸쳐 피상속인과 동거하면서 간호하는 방법으로 피상속인을 부양한 경우, 배우자의 이러한 부양행위는 민법 제1008조의2 제1항에서 정한 기여분 인정 요건 중 하나인 '특별한 부양행위'에 해당하므로, 특별한 사정이 없는 한 배우자에게 기여분을 인정하여야 한다. 그 이유는 다음과 같다.

(1) 민법 제1008조의2 제1항은 "공동상속인 중에 상당한 기간 동거·간호 그 밖의 방법으로 피상속인을 특별히 부양"한 경우에 기여분을 인정하도록 규정하고 있다.

다수의견에서 본 바와 같이 2005. 3. 31. 법률 제7427호로 민법 제1008조의2가 개정되면서 '특별한 부양'이 종전과 달리 별개의 기여분 인정 요건으로 분리되고 그 행위 태양이 '상당한 기간 동거·간호 그 밖의 방법'으로 구체화되었다. 개정 민법 제1008조의2 제1항에서 정하는 동거·간호행위는 배우자가 할 수 있는 부양행위의 대표적인 것이라고 할 수 있고, 위 조항의 문언 어디에서도 배우자의 동거·간호행위를 기여분의 인정 범위에서 배제하겠다는 취지를 찾을 수 없다. 당초 법무부 개정안은 민법 제1008조의3에서 부양상속분을 신설하여 피상속인과 상당한 기간 동거하면서 부양한 상속인의 상속분을 가산하되 그 상속인의 범주에서 배우자를 제외하는 것이었으나, 국회 입법 과정에서 별도의 조항을 신설하는 대신에 민법 제1008조의2를 개정하면서 피상속인의 배우자가 피상속인을 상당한 기간 동거·간호한 경우를 특별한 부양행위에서 제외하지 아니하였다.

이와 같이 민법 제1008조의2 제1항이 개정되면서 배우자의 기여분을 적극적으로 인정하려는 입법 취지가 분명해졌고, 상당한 기간 피상속인과 동거하면서 간호하는 행위는 그 자체로 특별한 부양행위에 해당한다고 보는 것이 문언에도 부합하므로, 이와 같은 방법으로 피상속인을 부양한 배우자에게 기여분을 인정하는 것이 개정 민법 제1008조의2 제1항의 문언과 입법 취지에 부합하는 해석이라고 할 수 있다.

(2) 개정 민법 제1008조의2 제1항은 특별한 부양행위를 특별한 재산적 기여행위와 분리하여 별개의 기여행위로 명시하고 있으므로, 특별한 부양행위에 대해서는 피상속인의 재산 유지·증가와 인과관계가 있을 것을 요구하지 않는다고 해석하는 것이 개정 취지에 부합한다. 민법 제1008조의2 제1항에서 정한 부양행위의 구체적 방법인 동거·간호 사실의 인정은 부양행위자가 그 비용을 부담하였는지와 관계없이 동거·간호행위의 개념에 포함될 만한 부양행위를 하면 충분하다고 보아야 한다. 다른 공동상속인이 피상속인의 부양비용을 부담하였다면 그 다른 공동상속인의 기여행위를 별도로 평가하여 그에게 기여분을 인정할 것인지는 별론으로 하고, 부양비용의 부담 주체가 누구인지에 관한 사정이 동거·간호에 따른 부양행위를 한 배우자의 기여분을 인정하는 데 영향을 주어서는 안 된다.

다수의견은 상당한 기간 동거·간호에 따른 부양행위를 한 배우자에 대하여도 부양비용의 부담 주체가 누구인지, 배우자의 특별수익액

등 재산적 사정을 고려해서 기여분 인정 여부를 결정하여야 한다는
취지이므로, 여전히 개정 전 민법 시행 당시와 같이 부양행위가 피
상속인의 재산 유지·증가에 기여하였는지를 기여분 인정 요건으로
삼겠다는 입장이라고 할 수 있다. 다수의견은 개정 민법의 취지를
제대로 반영하지 못한 해석론이다.

(3) 민법 제1008조의2 제1항은 기여분 인정 요건을 정하고, 같은
조 제2항은 기여분이 인정될 경우 기여분 결정 방법과 그 참작 사
유를 정하고 있다. 즉, 같은 조 제1항은 기여분 자체를 인정할 것
인지의 문제이고, 제2항은 인정된 기여분을 어느 정도로 인정하
느냐의 문제라고 할 수 있다.
그런데 다수의견은 배우자의 장기간 동거·간호에 따른 무형의 기
여행위를 기여분을 인정하는 요소 중 하나로 적극적으로 고려할 수
있다고 하면서 여러 가지 사정을 종합적으로 고려하여 기여분 자체
를 인정하지 않을 수도 있음을 예정하고 있다.

만일 배우자의 부양행위가 민법 제1008조의2 제1항에서 정한 특별
한 부양행위에 해당한다면, 이는 배우자의 부양행위가 기여분 인정
요건을 충족한다는 의미로 이해할 수 있다. 이러한 배우자에 대하
여 어느 정도로 기여분을 인정하느냐의 문제는 같은 조 제2항에 따
라 공동상속인들의 협의나 협의할 수 없는 때에는 기여자인 배우자
의 청구로 가정법원이 기여의 시기·방법 및 정도와 상속재산의 액
기타의 사정을 참작하여 결정한다. 배우자의 부양행위가 같은 조
제1항에서 정한 특별한 부양행위에 해당한다면, 제2항에 따라 기여
의 시기·방법 및 정도와 상속재산의 액 등 여러 가지 사정을 고려
해서 기여분 인정의 정도를 판단해야 하고, 기여분 자체를 부정해
서는 안 된다.
민법 제1008조에서 정한 특별수익자 상속분 조정 제도와 민법 제

1008조의2에서 정한 기여분 제도는 공동상속인들 사이의 공평을 도모하려는 공통점이 있기는 하나, 전자는 특별수익을 상속분의 선급으로 다루고 후자는 본래의 상속분 외에 추가적으로 취득할 수 있는 몫으로 다룬다는 점에서 양 제도는 서로 다른 취지를 가진 것이므로, 민법 제1008조의 특별수익자 상속분 조정에 관한 해석이 민법 제1008조의2의 기여분 인정 요건을 해석하는 데 영향을 줄 수 없다.

다수의견은 여러모로 민법 제1008조의2 제1항과 제2항의 체계적 해석에 반한다고 할 수 있다.

(4) 민법 제826조 제1항에 따라 부부는 동거하며 서로 부양하고 협조할 의무가 있다. 그러나 부부가 동거하고 부양할 의무가 있다는 것과 동거하고 부양할 의무를 성실히 이행한 배우자에 대하여 기여분을 인정하는 것은 양립불가능한 것이 아니다. 이는 앞에서 본 민법 제1008조의2의 개정 과정에서 드러난 입법자의 의사에서도 확인할 수 있다. 상당한 기간 동거·간호를 통한 배우자의 부양행위는 그것이 부부 사이의 통상적인 부양의무 이행의 범위를 초과한다고 보기 어려운 경우에도 민법 제1008조의2 제1항에서 정한 특별한 부양행위에 해당한다고 보아야 한다. 부부 사이에 민법에 따라 동거와 부양의무가 있다고 해서 이에 따라 상당한 기간 동거·간호행위를 한 배우자에 대해서 재산적 사정과 결부시키지 않고서는 기여행위로 볼 수 없다는 논리는 성립하지 않으므로, 이를 전제로 한 다수의견은 타당하지 않다.

기여분을 인정하기 위해서는 공동상속인들 사이의 실질적 공평을 도모하기 위해 상속분을 조정해야 할 필요가 있을 만큼 피상속인을 특별히 부양하였다는 사실이 인정되어야 한다(대법원 2015. 7. 17.자 2014스206, 207 결정 참조). 피상속인의 배우자가 상당한 기간에 걸쳐 피상속인과 동거하면서 간호하는 방법으로 피상속인을 부양한 때에는 공동상속인인 자녀들과 비교해서 일반적으로 기대되는 공헌의 정도를 넘은 것으로서 공동상속인들 사이의 실질적 공평을 도모하기 위하여 배우자의 상속분을 조정하여야 할 필요가 있는 경우라고 보아야 한다. 이와 달리 '부양의 특별성' 요건을 엄격하게 해석하여 상당한 기간 동거·간호에 따른 부양행위를 한 배우자에 대해 기여분을 인정하기를 주저하는 것은 적극적으로 부양의무를 다한 배우자와 그렇지 않은 배우자를 똑같이 취급하는 결과가 되어 부당하다.

(5) 배우자의 기여분을 적극적으로 인정하는 것을 통해서 부부공동재산의 청산과 공동상속인들 사이의 형평을 도모하여 배우자와 다른 공동상속인들의 지위를 합리적으로 조정할 수 있다.

부부공동재산은 피상속인과 배우자가 공동으로 형성한 재산이므로 그 청산은 이혼할 때뿐만 아니라 부부의 일방이 사망한 때에도 이루어져야 형평에 부합한다. 배우자의 기여분을 적극적으로 인정하는 것은 이러한 부부공동재산을 청산하는 의미가 있다. 또한 우리 민법은 자녀의 수가 늘어남에 따라 배우자의 상속분이 줄어들게 되어 있는데, 성실하게 동거·간호행위를 한 배우자의 기여분을 적극적으로 인정하는 것은 상속분의 배분적 측면에서 배우자와 자녀의 공평을 꾀할 수 있다.

피상속인의 배우자가 상당한 기간 피상속인과 동거하면서 피상속인을 간호한 때에는 배우자에 대하여 기여분을 적극적으로 인정하는 것이 우리 사회 현실에 비추어 보더라도 바람직하다. 인구의 고령화가 급속도로 진전되고 있는 데다가 핵가족화로 인하여 고령의 부모와 자녀가 따로 거주하는 경우 노인 돌봄 문제가 심각하게 대두할 수 있다. 만일 고령의 부부 중 어느 한쪽 배우자가 투병 중이고 자녀는 부모와 떨어져 타지에 거주한다면, 투병 중인 배우자에 대한 간호는 경제적 지출 외에도 정신적이고 육체적인 피로를 수반할 여지가 크다. 이러한 경우 배우자의 동거·간호행위는 투병 중인 배우자뿐만 아니라 자녀에게도 여러 가지 측면에서 부담을 경감시켜 주는 소중한 의미가 있을 수 있다.

따라서 상당한 기간 동거·간호를 통해 피상속인을 부양한 배우자에 대하여 기여분을 적극적으로 인정하는 것은 노인 돌봄 문제를 안고 있는 우리 사회 현실에 비추어 타당한 해석이고, 자녀와의 관계에서도 형평에 부합한다고 할 수 있다.

(6) 다수의견은 배우자의 장기간 동거·간호에 따른 무형의 기여행위를 기여분을 인정하는 요소 중 하나로 적극적으로 고려할 수 있다고는 하나, 부양비용의 부담 주체, 특별수익액, 법정상속분 등 여러 가지 사정을 종합적으로 고려하여 장기간 동거·간호를 한 배우자라 하더라도 기여분이 인정되지 않을 수 있다는 결론에 이른다. 다수의견은 상당한 기간 동거·간호를 통해 피상속인을 부양한 배우자에 대하여 기여분을 적극적으로 인정하려는 민법 제1008조의2 제1항의 개정 취지를 몰각시키고, 배우자의 장기간 동거·간호에 따른 기여분 인정 여부와 관련하여 개정 민법의 취지를 실현하기 위한 법리의 실효성을 담보하기 어렵게 만들 뿐이다.

다. 앞의 사실관계에서 알 수 있는 다음과 같은 사정들을 이러한 법리에 따라 살펴보면, 상대방 1이 상당한 기간 피상속인과 동거하면서 간호한 데 따른 부양행위는 민법 제1008조의2 제1항에서 정한 특별한 부양행위에 해당한다고 할 수 있고, 상대방 1에 대하여 기여분을 인정함으로써 상속분을 조정해야 할 필요가 있다고 볼 여지가 충분하다.

(1) 피상속인과 배우자인 상대방 1은 중혼적 사실혼 관계를 유지한 기간을 제외하고도 20년이 넘는 오랜 세월 동안 혼인관계를 유지하면서 동거하였다.

(2) 상대방 1은 1944년생으로서 60대 중반에 이르기까지 5년 동안 80대가 넘는 연로한 피상속인을 간호하였다.

(3) 특히 피상속인은 2007년 이후로 병세가 악화되었는데 상대방 1이 피상속인을 간호하면서 피상속인의 자녀들보다 많은 희생을 하였을 것으로 보인다.

라. 그런데도 원심은 피상속인이 병환에 있을 때 상대방 1이 피상속인을 간호한 사실은 인정할 수 있으나, 기여분을 인정할 정도로 통상의 부양을 넘어서는 수준의 간호를 할 수 있는 건강 상태가 아니었고, 통상 부부로서 부양의무를 이행한 정도에 불과하여 상대방 1이 처로서 통상 기대되는 정도를 넘어 법정상속분을 수정함으로써 공동상속인들 사이의 실질적 공평을 도모해야 할 정도로 피상속인을 특별히 부양하였다거나 피상속인의 재산 유지·증가에 특별히 기여하였다고 인정하기에 부족하다는 이유로 상대방 1의 기여분결정 청구를 배척하였다.

이러한 원심판단에는 민법 제1008조의2에서 정한 기여분 인정 요건에 관한 법리를 오해하여 필요한 심리를 다하지 아니함으로써 재판에 영향을 미친 잘못이 있다.
그러므로 원심결정을 파기하고, 사건을 다시 심리·판단하도록 원심법원에 환송해야 한다.

이상과 같은 이유로 다수의견에 찬성할 수 없음을 밝힌다.

대법원장 김명수(재판장) 대법관 조희대(주심) 권순일 박상옥 이기택
김재형 박정화 안철상 민유숙 김선수 이동원 노정희 김상환[6]

---

6) 출처: 대법원 2019. 11. 21. 자 2014스44, 45 전원합의체 결정 [상속재산분할·상속재산분할] >
종합법률정보 판례)

토지수용에 관한 사건

　토지수용은 국가가 재개발 혹은 재건축 등을 위해 강제적으로 토지를 매수하는 것을 말한다. 매수 전 감정평가사 3곳 이상의 감정을 받아 적정 가격으로 매수하는데, 토지수용위원회에서 매수금에 대한 이의가 있는지를 토지 소유자에게 상담한다. 이때 이의를 제기하면 토지수용위원회에서 적정 가액을 재결하는데, 소유자의 신청이 기각된 경우 행정법원으로 소송을 하면 된다.

　이런 경우 변호사 비용은 착수금 없이 성공 시 몇 퍼센트 정도 지불해야 하는 것이 대부분이다. 토지 소유자가 직접 소송을 하면 보상받을 금액의 이자 정도는 받을 수 있다. 양식은 법률구조공단 홈페이지에 들어가면 있다. 토지수용의 금액을 보면 대부분 시가와 같거나 약간 높다. 결론적으로 소송을 하거나 안 하거나 금액에 크게 차이가 없다.

대법원 2015. 4. 9. 선고 2014두46669 판결
[토지수용재결신청거부처분취소][공2015상,695]

【판시사항】
공익사업을 위한 토지 등의 취득 및 보상에 관한 법률 제72조에 의한 토지소유자의 토지수용청구를 받아들이지 않은 토지수용위원회의 재결에 대하여 토지소유자가 불복하여 제기하는 소송의 성질 및 그 상대방

【판결요지】
공익사업을 위한 토지 등의 취득 및 보상에 관한 법률(이하 '토지보상법'이라고 한다) 제72조의 문언, 연혁 및 취지 등에 비추어 보면, 위 규정이 정한 수용청구권은 토지보상법 제74조 제1항이 정한 잔여지 수용청구권과 같이 손실보상의 일환으로 토지소유자에게 부여되는 권리로서 그 청구에 의하여 수용효과가 생기는 형성권의 성질을 지니므로, 토지소유자의 토지수용청구를 받아들이지 아니한 토지수용위원회의 재결에 대하여 토지소유자가 불복하여 제기하는 소송은 토지보상법 제85조 제2항에 규정되어 있는 '보상금의 증감에 관한 소송'에 해당하고, 피고는 토지수용위원회가 아니라 사업시행자로 하여야 한다.

【참조조문】
공익사업을 위한 토지 등의 취득 및 보상에 관한 법률 제72조, 제74조 제1항, 제85조 제2항

【참조판례】
대법원 2010. 8. 19. 선고 2008두822 판결(공2010하, 1823)

【전 문】

【원고, 상고인】 원고
【피고, 피상고인】 서울특별시지방토지수용위원회
【원심판결】 서울고법 2014. 11. 20. 선고 2014누46739 판결

【주 문】
원심판결을 파기한다. 제1심판결을 취소하고, 이 사건 소를 각하한다. 소송총비용은 원고가 부담한다.

【이 유】
직권으로 판단한다.

1. 공익사업을 위한 토지 등의 취득 및 보상에 관한 법률(이하 '토지보상법'이라고 한다) 제72조는 사업인정고시가 된 후 '토지를 사용하는 기간이 3년 이상인 때(제1호)' 등의 경우 당해 토지소유자는 사업시행자에게 그 토지의 매수를 청구하거나 관할 토지수용위원회에 그 토지의 수용을 청구할 수 있도록 정하고 있다.

위 규정의 문언, 연혁 및 취지 등에 비추어 보면, 위 규정이 정한 수용청구권은 토지보상법 제74조 제1항이 정한 잔여지 수용청구권과 같이 손실보상의 일환으로 토지소유자에게 부여되는 권리로서 그 청구에 의하여 수용효과가 생기는 형성권의 성질을 지니므로, 토지소유자의 토지수용청구를 받아들이지 아니한 토지수용위원회의 재결에 대하여 토지소유자가 불복하여 제기하는 소송은 토지보상법 제85조 제2항에 규정되어 있는 '보상금의 증감에 관한 소송'에 해당하고, 그 피고는 토지수용위원회가 아니라 사업시행자로 하여야 한다(대법원 2010. 8. 19. 선고 2008두822 판결 등 참조).

2. 원심판결 이유와 기록에 의하면, ① 원고는 피고에게 이 사건

도시계획사업의 사업시행자인 서울특별시 강서구청장이 사업인정 고시가 된 후 3년 이상 이 사건 토지를 사용하였다고 주장하면서 토지보상법 제72조 제1호를 근거로 이 사건 토지의 수용을 청구한 사실, ② 피고는 토지보상법 제72조 제1호의 요건에 해당하지 않음을 이유로 원고의 수용청구를 각하하는 재결을 한 사실, ③ 원고는 피고를 상대로 위 각하재결의 취소를 구하는 이 사건 소를 제기한 사실을 알 수 있다.

이러한 사실관계를 위 법리에 비추어 보면, 이 사건 소는 사업시행자인 서울특별시 강서구청장을 피고로 하여야 한다. 따라서 토지수용위원회를 피고로 한 이 사건 소는 부적법하다고 할 것이다.

원심은 이와 달리 이 사건 소가 적법하다고 보아 본안판결에 나아갔는바, 이는 사용하는 토지의 수용청구의 법적 성질 등에 관한 법리를 오해하여 판단을 그르친 것이다.

3. 그러므로 원고의 상고이유에 관하여 판단할 필요 없이 원심판결을 파기하고, 이 사건은 대법원이 직접 재판하기에 충분하므로 자판하기로 하여 제1심판결을 취소하고, 이 사건 소를 각하하며, 소송총비용은 패소자가 부담하기로 하여, 관여 대법관의 일치된 의견으로 주문과 같이 판결한다.

대법관 김신(재판장) 민일영(주심) 박보영 권순일[7]

---

[7] 출처: 대법원 2015. 4. 9. 선고 2014두46669 판결 [토지수용재결신청거부처분취소] > 종합법률정보 판례

건물 신축 시 미등기인 경우

건축주가 이런저런 이유로 본인의 건물을 신축하였는데 등기를 하지 않은 상태로 매도하거나 임대를 놓은 경우 법적인 보호를 받을 수 있느냐는 문제다. 건축주가 등기를 하지 않았다고 하더라도, 신축하는 건물의 건물주는 건축 허가 당시의 건축주이다. 따라서 이런 경우 매각은 물론 근저당을 설정하고 은행에서 대출을 받거나 임대를 놓을 수 있다. 임대인도 법적인 보호를 물론 받는다. 판례를 통해 알아보자.

대법원 1985. 12. 16. 자 85마798 결정
[등기공무원의처분에대한이의]
[집34(1)민,1;공1986.6.15.(778),787]

【판시사항】

가. 미등기건물을 매수한 자가 자기명의로 소유권보존등기를 할 수 있는지 여부

나. 건축물관리대장상 권리이전사실기재를 부동산등기법 제131조 제1호 소정의 가옥대장상 소유자등록을 볼 수 있는지 여부

【판결요지】

가. 건물의 소유권보존등기는 그 건물 소유자만이 할 수 있으므로 미등기건물을 매수한 자는 원소유자명의로 소유권보존등기를 거친 후 소유권이전등기를 하여야 하고 직접 자기명의로 소유권보존등기를 신청할 수 없다.

나. 건축물관리대장상의 권리이전사실기재를 부동산등기법 제131조 제1호 소정의 가옥대장상 소유자등록과 같이 볼 수는 없다.

【참조조문】

가. 민법 제186조 나. 부동산등기법 제131조

【전 문】

【재항고인】 재항고인
【원심결정】 인천지방법원 1985.10.23자, 85라71 결정

【주 문】

재항고를 기각한다.

【이 유】

재항고인의 재항고이유를 본다.

건물의 소유권보존등기는 그 건물 소유자만이 할 수 있으므로 미등기건물을 매수한 자는 원소유자명의로 소유권보존등기를 거친 후 소유권이전등기를 하여야 하고 직접 자기명의로 소유권보존등기를 신청할 수 없는바, 기록에 의하면 소론 건축물관리대장에 이 사건 건물은 신청외인이 신축한 후 재항고인에게 이전된 것으로 등재되어 있음이 인정되나, 이러한 건축물관리대장상 이전사실 기재를 소론과 같이 부동산등기법 제131조 제1호 소정의 가옥대장상 소유자등록과 같이 볼 수는 없다.

같은 취지로 판단한 1심결정을 유지한 원심조치는 정당하고 논지는 이유 없다.

그러므로 재항고를 기각하기로 하여 관여법관의 일치된 의견으로 주문과 같이 결정한다.

대법관 정기승(재판장) 전상석 이회창[8]

---

8) 출처: 대법원 1985. 12. 16. 자 85마798 결정 [등기공무원의처분에대한이의] > 종합법률정보 판례

주택, 상가 건물 임차인인 경우

주택 임차인은 주택임대차보호법의 보호를 받고, 상가나 건물의 임차인은 상가건물 임대차보호법의 보호를 받는다. 그럼 소송을 하지 않고도 보호를 받을 수 있을까? 보호받을 수 있다. 우선 다음 도표를 보자.

주택임대차보호법의 일정액의 범위

적용 지역	임차인 보증금 범위	보증금 중 일정액의 범위
서울특별시	1억 1천만 원 이하	3천 700만 원
과밀억제권역, 세종특별시, 용인시, 화성시	1억 원 이하	3천 400만 원
광역시, 안산시, 김포시, 광주시, 파주시	6천만 원 이하	2천만 원
그 밖의 지역	5천만 원 이하	1천 700만 원

(2020. 9. 30. 기준)

예를 들어 서울에서 임차보증금 1억 1천만 원의 세를 들어 살고 있다면, 임차를 받아 사는 주택이 경매에 붙여질 경우 (토지 포함) 경매 낙찰 금액의 1/2 범위 내에서 3천 700만 원은 우선 변제를 받는다. 하지만 만약 서울에서 1억 1천만 원 이상의 임차보증금을 내고 산다면, 이 법(2020. 9. 30. 기준 주택임대차보호법)의 적용을 받지 못한다.

이때 전입신고를 하고 거주한 경우 대항력이 생기지만 확정일자를 받지 않으면 경매 낙찰 대금에서 보호를 받지 못한다. 대항력이란 살고 있는 집의 주인이 바뀌어도 보증금을 받을 때까지 거주할 수 있다는 의미이다. 이 점에 주의해야 한다. 반드시 전입신고를 하고 확정일자를 받은 다음 거주하는 것이 안전하다. 확정일자는 관할 주민센터, 공증사무실, 법원 등에서 받을 수 있다. 주민센터에서 받은 것이 가장 편리하다.

대법원 1984. 2. 14. 선고 83다카2131 판결
[가옥명도][집32(1)민,90;공1984.4.15.(726) 510]

【판시사항】
가. 구 주택임대차보호법 (1981.3.5. 법률 제3379호) 부칙 제2항 단서에 의한 임차권의 대항력의 범위

나. 주택임대차보호법 시행전에 경료된 가등기에 기하여 그 뒤 본등기를 경료한 자를 동법부칙 제2항 단서 소정의 동법 시행전 물권취득자로 취급할 것인지 여부

다. 주택임대차보호법 시행전에 가등기권자와 가등기전에 입주한 임차권자간의 동법 시행후의 대항력 관계

【판결요지】
가. 구 주택임대차보호법 (1981.3.5. 법률 제3379호) 부칙 제2항 단서는 동법 시행전에 체결된 미등기의 임대차라고 할지라도 주택의 인도와 주민등록을 마친 때에는 동법 제3조에 따라 제3자에 대하여 이를 대항할 수 있다는 것이고 동법 시행전에 이미 물권을 취득한 제3자에 대하여는 그 물권취득시기가 동법 제3조 소정의 임대차효력발생 시기보다 앞이거나 뒤이거나에 관계없이 임대차의 효력으로서 대항할 수 없다는 취지라고 풀이함이 타당하다.
나. 구 주택임대차보호법(1981.3.5 법률 제3379호) 시행전에 부동산등기법 제2조 소정의 물권등 취득에 관한 순위보전의 가등기를 경료한 자가 동법시행후 본등기를 경료한 경우에 물권등 취득의 효력이 가등기시에 소급하는 것은 아니지만 가등기의 순위보전의 효력에 의하여 중간처분이 실효되는 효과를 가져오므로 위와 같은 가등기권리자는 동법 부칙

제2항 단서에 규정된 동법 시행전에 물권을 취득한 자와 동일하게 보아야 할 것이다.

다. 임대차보호법 시행전에 임차건물에 대하여 가등기를 경료한 후 본등기를 경료한 원고와 위 가등기전에 동 건물에 관하여 채권전세계약을 맺고 입주하여 전입신고를 마친 피고간에 있어서, 원고의 가등기는 주택임대차보호법 시행전에 경료된 것이 분명하므로 같은법 부칙 제2항 단서에 규정된 물권취득자와 동일하게 보아야 할 것이고 피고들은 같은법 시행으로 인하여 그 법 시행전에 이미 물권을 취득한 제3자에 대해서 임대차의 효력으로써 대항할 수 있는 것은 아니므로 피고로서는 임차보증금의 반환을 내걸어 원고의 건물명도청구를 거부할 수 없다. 9)

---

9) 출처: 대법원 1984. 2. 14. 선고 83다카2131 판결 [가옥명도] > 종합법률정보 판례

상가건물 임대차보호법은 2018년 10월 16일로 일부 개정이 있었다. 그에 따른 설명을 하겠다. 상가나 건물은 대부분 1년씩 계약한 뒤 갱신하며, 10년의 범위 내에서 권리를 갖는다. 그럼 어떤 경우에 보호를 받는지 알아보자.

상가건물 임대차보호법의 일정액의 범위

지역	적용 범위	임차인 보증금 범위	보증금 중 일정액의 범위
서울특별시	9억 원 이하	6천 5백만 원 이하	2천 2백만 원
괴밀억제권역, 부산광역시	6억 9천만 원 이하	5천 5백만 원 이하	1천 9백만 원
광역시, 세종특별자치시, 파주시, 화성시, 안산시, 용인시, 김포시, 광주시	5억 4천만 원 이하	3천 800만 원 이하	1천 3백만 원
그밖의 지역	3억 7천만 원 이하	3천만 원 이하	1천만 원

2020. 9. 30. 기준

서울에 있는 상가나 건물의 경매나 공매 시 상가건물 가액의 1/2 범위 내에서 보증금 9억 원까지 상가건물 임대차보호법의 보호를 받는다. 서울에 위치한 상가를 6천 5백만 원에 임차했다면, 2천 2백만 원을 최우선으로 변제받는다.

상가건물 임대차의 경우 권리금도 받을 수 있다. 권리금이란 영업 시설, 비품, 거래처 신용, 영업상의 노하우, 상가건물 위치에 다른 영업상의 이점 등 유형 무형의 재산적 가치의 양도 또는 이용 대가로서 임대인 임차인에게 보증금과 차임 이외에 지급하는 금전 등의 대가를 말한다. 권리금은 건물주에게 받는 것이 아니라 신규 임차인으로부터 받는 것이고, 만약에 신규 임차인이 권리금을 받을 수 없게 고의로 방해한다거나, 그 건물을 주인이 직접 운영한다면서 권리금을 줄 수 없다고 하면, 건물주에게 손해배상을 청구할 수 있다. 건물의 인도와 사업자등록을 신청하면 그다음 날부터 대항력이 생긴다. 확정일자 신고는 상가건물의 소재지 관할 세무서장에게 한다.

주택이나 상가건물 임대차 기간이 만료되었음에도 보증금을 받지 못할 경우에는 임차한 부동산 소재지 관할 지방법원, 지원, 시군법원에 임차권등기명령을 신청할 수 있다.

임대 기간으로만 기산한다면 주택임대차보호법에서는 2기 이상 차임이 미지급되었다면 건물주는 계약을 해지할 수 있다, 상가건물 임차인인 경우에는 3기 이상 차임 연체 시 계약을 해지할 수 있다.

대법원 2019. 7. 4. 선고 2018다284226 판결
[손해배상(기)] 〈상가임대차법상 권리금 회수 방해를 이유로 한 손해배상청구 사건〉[공2019하,1519]

【판시사항】

[1] 임차인이 임대인에게 권리금 회수 방해로 인한 손해배상을 구하기 위해서는 임차인이 신규임차인이 되려는 자를 주선하였어야 하는지 여부(원칙적 적극) / 임대인이 정당한 사유 없이 임차인이 주선할 신규임차인이 되려는 자와 임대차계약을 체결할 의사가 없음을 확정적으로 표시한 경우, 임차인이 실제로 신규임차인을 주선하지 않았더라도 임대인에게 권리금 회수 방해로 인한 손해배상을 청구할 수 있는지 여부(적극) 및 임대인이 위와 같은 의사를 표시하였는지 판단하는 기준

[2] 상가 임차인인 갑이 임대차기간 만료 전 임대인인 을에게 갑이 주선하는 신규임차인과 임대차계약을 체결하여 줄 것을 요청하였으나, 을이 상가를 인도받은 후 직접 사용할 계획이라고 답변하였고, 이에 갑이 신규임차인 물색을 중단하고 임대차기간 만료일에 을에게 상가를 인도한 후 을을 상대로 권리금 회수 방해로 인한 손해배상을 구한 사안에서, 을이 갑의 신규임차인 주선을 거절하는 의사를 명백히 표시하였으므로 갑은 실제로 신규임차인을 주선하지 않았더라도 임대인의 권리금 회수기회 보호의무 위반을 이유로 을에게 손해배상을 청구할 수 있다고 보아야 하는데도, 이와 달리 본 원심판단에 법리오해의 잘못이 있다고 한 사례

【판결요지】

[1] 구 상가건물 임대차보호법(2018. 10. 16. 법률 제15791호로 개정되기 전의 것, 이하 '상가임대차법'이라 한다) 제10조의3 내지 제10

조의7의 내용과 입법 취지에 비추어 보면, 임차인이 임대인에게 권리금 회수 방해로 인한 손해배상을 구하기 위해서는 원칙적으로 임차인이 신규임차인이 되려는 자를 주선하였어야 한다. 그러나 임대인이 정당한 사유 없이 임차인이 신규임차인이 되려는 자를 주선하더라도 그와 임대차계약을 체결하지 않겠다는 의사를 확정적으로 표시하였다면 이러한 경우에까지 임차인에게 신규임차인을 주선하도록 요구하는 것은 불필요한 행위를 강요하는 결과가 되어 부당하다. 이와 같은 특별한 사정이 있다면 임차인이 실제로 신규임차인을 주선하지 않았더라도 임대인의 위와 같은 거절행위는 상가임대차법 제10조의4 제1항 제4호에서 정한 거절행위에 해당한다고 보아야 한다. 따라서 임차인은 같은 조 제3항에 따라 임대인에게 권리금 회수 방해로 인한 손해배상을 청구할 수 있다.

임대인이 위와 같이 정당한 사유 없이 임차인이 주선할 신규임차인이 되려는 자와 임대차계약을 체결할 의사가 없음을 확정적으로 표시하였는지 여부는 임대차계약이 종료될 무렵 신규임차인의 주선과 관련해서 임대인과 임차인이 보인 언행과 태도, 이를 둘러싼 구체적인 사정 등을 종합적으로 살펴서 판단하여야 한다.

[2] 상가 임차인인 갑이 임대차기간 만료 전 임대인인 을에게 갑이 주선하는 신규임차인과 임대차계약을 체결하여 줄 것을 요청하였으나, 을이 상가를 인도받은 후 직접 사용할 계획이라고 답변하였고, 이에 갑이 신규임차인 물색을 중단하고 임대차기간 만료일에 을에게 상가를 인도한 후 을을 상대로 권리금 회수 방해로 인한 손해배상을 구한 사안에서, 을이 갑에게 임대차 종료 후에는 신규임차인과 임대차계약을 체결하지 않고 자신이 상가를 직접 이용할 계획이라고 밝힘으로써 갑의 신규임차인 주선을 거절하는 의사를 명백히 표시하였고, 이러한 경우 갑에게 신규임차인을 주선하도록 요구하는 것은 부당하다고 보이므로 특

별한 사정이 없는 한 갑은 실제로 신규임차인을 주선하지 않았더라도 임대인의 권리금 회수기회 보호의무 위반을 이유로 을에게 손해배상을 청구할 수 있다고 보아야 하는데도, 이와 달리 본 원심판단에 법리오해의 잘못이 있다고 한 사례.[10]

---

10) 출처: 대법원 2019. 7. 4. 선고 2018다284226 판결 [손해배상(기)] > 종합법률정보 판례

임대 기간을 마치고 보증금을 주지 않거나 임대인의 사업이 부도나고 신규 임차인이 없어 보증금을 제때 받을 수 없는데, 법이 싫고 소송하는 것도 오래 걸리며 송달료, 인지대 등 골치가 아프니, 소송이라는 복잡한 과정을 거치지 않고 해결할 수 있는 다른 방법은 없을까?

임차주택 1년 계약은 계약서 작성일로부터 5개월 이내, 2년 계약은 10개월 이내, 상가건물 임차인은 보증금, 권리금 계약일로부터 6개월 이내에 서울보증보험에 보험을 가입하면 된다. 단, 권리금에 대해서는 보험회사의 한도가 3억 원이다. 보험료는 매달 납부하는 것이 아니라 임차금이나 권리금의 0.09% 정도의 저렴한 가격을 일시불로 납부한다. 그러면 보험회사에서 전액을 받을 수 있는데, 이를 모르고 가입하지 않는 경우가 허다하다. 일반 보험회사에서는 취급하지 않는다. 이 부분도 명심했으면 한다.

근저당된 건물을 경매할 경우

우선 전세금과 임차보증금이 어떻게 다른지 알아보자.

전세권은 건물주 허락을 받아 전세금액에 대한 전세권을 설정할 경우에는 전세금이 되고. 알기쉽게 말하면 부동산 등기사항전부증명서를 떼어보면 전세권설정 등기가 된다. 임차보증금액이란 전세권을 설정하지 않고 임차 보증금만 내고 거주하는 경우를 임차보금이라고 한다. 전세권은 물권이고 임차권은 채권이다.

그럼 전세권과 임차권은 어떻게 다른가? 전세권이 설정되면 근저당된 것과 마찬가지로 경매를 신청할 수 있다. 임차권은 기간 만료 시 건물주가 임대보증금을 주지 않을 경우 임대인의 허락 없이 임차인이 임의로 법원에 임차권등기명령을 신청하는 것인데, 채권에 불과하다. 임차권등기를 해도 경매 신청은 할 수 없다. 다만, 임차보증금반환청구 소송을 하여 확정판결을 받은 후 경매를 신청할 수 있을 뿐이다. 건물 경매 시 다른 채권자들보다 우선적으로 변제를 받을 수는 있지만, 실무에서는 임차권 등기 이전에 근저당이나 전세권 등의 물권이 설정되었다면 순위에 밀려 받을 수 없게 되는 경우도 있다.

경매 진행 시 건물이 매각되면 임차권은 말소된다. 전세권자는 경매 신청서를 작성하여 법원에 제출 시 경매 비용을 선납해야 하지만, 이 비용은 경매 낙찰가에서 첫 번째로 배당을 하므로 손해가 없다. 이런 경우에도 물론 변호사를 선택할 필요가 없다. 경매 신청 양식은 법률구조공단 홈페이지에 있으니 검색하여 내용을 기재한 후 전자소송으로 하면 더욱 편리하다. 최근 판례를 검토해 보자.

대법원 2020. 4. 9. 선고 2014다51756, 51763 판결
[배당이의 · 배당이의][공2020상,879]

【판시사항】

[1] 하나의 기본계약에서 발생하는 동일한 채권을 담보할 목적으로 여러 개의 부동산에 근저당권을 설정하면서 각 근저당권의 채권최고액을 합한 금액을 우선변제받기 위하여 공동근저당권의 형식이 아닌 개별 근저당권의 형식을 취한 경우, 누적적 근저당권을 설정한 것인지 여부(적극) 및 채권자가 누적적 근저당권을 실행하는 방법

[2] 채권자가 하나의 기본계약에서 발생하는 동일한 채권을 담보하기 위하여 채무자 소유의 부동산과 물상보증인 소유의 부동산에 누적적 근저당권을 설정받았는데 물상보증인 소유의 부동산이 먼저 경매되어 매각대금에서 채권자가 변제를 받은 경우, 물상보증인이 종래 채권자가 보유하던 채무자 소유 부동산에 관한 근저당권에 대하여 변제자대위를 할 수 있는지 여부(적극)

【판결요지】

[1] 당사자 사이에 하나의 기본계약에서 발생하는 동일한 채권을 담보하기 위하여 여러 개의 부동산에 근저당권을 설정하면서 각각의 근저당권 채권최고액을 합한 금액을 우선변제받기 위하여 공동근저당권의 형식이 아닌 개별 근저당권의 형식을 취한 경우, 이러한 근저당권은 민법 제368조가 적용되는 공동근저당권이 아니라 피담보채권을 누적적(누적적)으로 담보하는 근저당권에 해당한다. 이와 같은 누적적 근저당권은 공동근저당권과 달리 담보의 범위가 중첩되지 않으므로, 누적적 근저당권을 설정받은 채권자는 여러 개의 근저당권을 동시에 실행할 수도 있고, 여러 개의 근저당권 중 어느 것이라도 먼저 실행하여 그 채권최고

액의 범위에서 피담보채권의 전부나 일부를 우선변제받은 다음 피담보채권이 소멸할 때까지 나머지 근저당권을 실행하여 그 근저당권의 채권최고액 범위에서 반복하여 우선변제를 받을 수 있다.

[2] 채권자가 하나의 기본계약에서 발생하는 동일한 채권을 담보하기 위하여 채무자 소유의 부동산과 물상보증인 소유의 부동산에 누적적 근저당권을 설정받았는데 물상보증인 소유의 부동산이 먼저 경매되어 매각대금에서 채권자가 변제를 받은 경우, 물상보증인은 채무자에 대하여 구상권을 취득함과 동시에 민법 제481조, 제482조에 따라 종래 채권자가 가지고 있던 채권 및 담보에 관한 권리를 행사할 수 있다. 이때 물상보증인은 변제자대위에 의하여 종래 채권자가 보유하던 채무자 소유 부동산에 관한 근저당권을 대위취득하여 행사할 수 있다고 보아야 한다.

【참조조문】
[1] 민법 제356조, 제357조, 제368조 [2] 민법 제341조, 제356조, 제357조, 제370조, 제481조, 제482조

【전 문】

【원고, 피상고인】
원고 1 외 1인 (소송대리인 경인 법무법인 담당변호사 이경민)

【피고, 상고인】
도영종합건설 주식회사(변경 전 상호: 호성종합건설 주식회사) (소송대리인 법무법인(유한) 태평양 담당변호사 박상현 외 2인)

【원심판결】 서울고법 2014. 6. 24. 선고 2013나69240, 69257 판결

【주 문】
상고를 모두 기각한다. 상고비용은 피고가 부담한다.

【이 유】
상고이유를 판단한다.

1. 기본적 사실관계

원심판결 이유와 기록에 따르면 다음 사실을 알 수 있다.
가. 주식회사 푸른상호저축은행(이하 '푸른상호저축은행'이라 한다)은 2009. 10. 16. 주식회사 송백(이하 '송백'이라 한다)에 75억 원을 여신기간만료일 2010. 10. 16., 이율 연 10%, 지연배상금률 최고 연 25%로 정하여 대출하였다(이하 위 대출금을 '이 사건 대출금'이라 한다). 원고 1은 같은 날 송백이 푸른상호저축은행에 대하여 현재 및 장래 부담하는 채무를 97억 5,000만 원의 범위에서 연대보증하였다.

나. 송백과 원고들은 2009. 10. 14. 푸른상호저축은행과 사이에 송백이 위 은행에 대하여 현재 및 장래에 부담하는 채무를 포괄 담보하기 위하여 다음과 같은 세 그룹의 근저당권을 설정하기 위한 각각의 계약을 체결하고, 2009. 10. 16. 푸른상호저축은행 앞으로 해당 근저당권의 설정등기를 마쳤다. 이로써 ① 송백 소유의 남양주시 소재 건물(이하 '남양주 건물'이라 한다) 4개 호실과 원고 1 소유의 인천 연수구 ○○동 소재 아파트를 공동담보로 하고 채권최고액을 25억 원으로 하는 근저당권(이하 '이 사건 A그룹 근저당권'이라 한다), ② 원고 1이 소유하는 인천 남구 △△동 소재 토지와 건물, 원고들이 각 1/2 지분씩 공유하는 인천 남구 ㅁㅁ동 소재 토지를 공동담보로 하고 채권최고액을 40억 원으로 하는 근저당권(이하 '이 사건 B그룹 근저당권'이라 한다), ③ 송백 소유의 남양주 건물 36개 호실에 관하여 각 부동산별로 채권최고액을 약 9,000만 원 내지 16억 원으로 하는 각

근저당권(이하 '이 사건 C그룹 근저당권'이라 한다)이 설정되었다. 당사자들은 공동근저당권으로 등기된 이 사건 A그룹 근저당권 상호 간 및 이 사건 B그룹 근저당권 상호 간을 제외하고는 각 근저당권 사이에 담보 범위가 중첩되지 않고 이 사건 대출금 채권 전체를 누적적으로 담보할 의사로 각 근저당권을 설정하였다.

다. 원고들 소유의 위 ㅁㅁ동 소재 토지에 관하여 「공익사업을 위한 토지 등의 취득 및 보상에 관한 법률」에 따른 공익사업이 시행되어 그 사업시행자가 위 토지를 협의취득하였다. 사업시행자는 협의취득 보상금에 대한 푸른상호저축은행의 물상대위권 행사에 따라 2010. 4.경부터 7월경까지 푸른상호저축은행에 원고 1을 위하여 1,011,463,842원을, 원고 2를 위하여 1,013,000,000원을 각 지급하였다.

라. 푸른상호저축은행이 이 사건 A그룹 근저당권에 기하여 원고 1 소유의 위 ○○동 소재 아파트에 관한 임의경매개시결정을 받자, 원고 1은 매각기일 연기를 위하여 2012. 2. 23. 푸른상호저축은행에 이 사건 대출금 중 2억 원을 변제하였다.

마. 푸른상호저축은행은 2012. 3. 21. 주식회사 쓰리엠모터스(이하 '쓰리엠모터스'라 한다)에 이 사건 대출금 채권과 이를 담보하기 위한 이 사건 A, B, C그룹 근저당권을 모두 양도하고 2012. 4. 3. 쓰리엠모터스 앞으로 근저당권이전의 부기등기를 마쳤다.

바. 한편 피고는 2010. 9. 7. 송백에 대한 공사대금 채권을 담보하기 위하여 남양주 건물 전체를 공동담보로 채권최고액을 19억 5,000만 원으로 하는 근저당권설정등기를 마쳤다.

사. 피고 등 채권자들의 신청에 따라 송백 소유의 남양주 건물 38개 호실(이 사건 C그룹 근저당권이 설정된 36개 호실 전체와 이 사건 A

그룹 근저당권이 설정된 4개 호실 중 2개 호실)에 관하여 임의경매절차가 진행되었다. 배당법원은 2013. 2. 12.과 2013. 3. 12. 2차에 걸친 배당기일에서 실제 배당할 금액 중 당해세 압류권자, 소액임차인, 1순위 근저당권자 쓰리엠모터스 등 선순위 채권자에게 배당하고 난 나머지 금액 1,608,205,161원(1차 배당)과 162,457,379원(2차 배당)을 모두 피고와 피고의 배당금 전부채권자에게 배당하고, 원고들에게는 전혀 배당하지 않는 내용으로 배당표를 작성하였다. 이에 원고들은 피고에 대한 배당액에 대해 이의하고 이 사건 각 배당이의의 소를 제기하였다.

2. 누적적 근저당권과 변제자대위에 관한 법리오해 등 주장(상고이유 제1점 내지 제3점)에 대한 판단

가. 당사자 사이에 하나의 기본계약에서 발생하는 동일한 채권을 담보하기 위하여 여러 개의 부동산에 근저당권을 설정하면서 각각의 근저당권 채권최고액을 합한 금액을 우선변제받기 위하여 공동근저당권의 형식이 아닌 개별 근저당권의 형식을 취한 경우, 이러한 근저당권은 민법 제368조가 적용되는 공동근저당권이 아니라 피담보채권을 누적적(누적적)으로 담보하는 근저당권에 해당한다. 이와 같은 누적적 근저당권은 공동근저당권과 달리 담보의 범위가 중첩되지 않으므로, 누적적 근저당권을 설정받은 채권자는 여러 개의 근저당권을 동시에 실행할 수도 있고, 여러 개의 근저당권 중 어느 것이라도 먼저 실행하여 그 채권최고액의 범위에서 피담보채권의 전부나 일부를 우선변제받은 다음 피담보채권이 소멸할 때까지 나머지 근저당권을 실행하여 그 근저당권의 채권최고액 범위에서 반복하여 우선변제를 받을 수 있다.

나. 채권자가 하나의 기본계약에서 발생하는 동일한 채권을 담보하기 위하여 채무자 소유의 부동산과 물상보증인 소유의 부동산에 누적적 근저당권을 설정받았는데 물상보증인 소유의 부동산이 먼저 경매되어 매

각대금에서 채권자가 변제를 받은 경우, 물상보증인은 채무자에 대하여 구상권을 취득함과 동시에 민법 제481조, 제482조에 따라 종래 채권자가 가지고 있던 채권 및 담보에 관한 권리를 행사할 수 있다. 이때 물상보증인은 변제자대위에 의하여 종래 채권자가 보유하던 채무자 소유 부동산에 관한 근저당권을 대위취득하여 행사할 수 있다고 보아야 한다. 그 상세한 이유는 다음과 같다.

1) 누적적 근저당권은 모두 하나의 기본계약에서 발생한 동일한 피담보채권을 담보하기 위한 것이다. 이와 달리 당사자가 근저당권 설정 시 피담보채권을 여러 개로 분할하여 분할된 채권별로 근저당권을 설정하였다면 이는 그 자체로 각각 별개의 채권을 담보하기 위한 개별 근저당권일 뿐 누적적 근저당권이라고 할 수 없다. 누적적 근저당권은 각 근저당권의 담보 범위가 중첩되지 않고 서로 다르지만 이러한 점을 들어 피담보채권이 각 근저당권별로 자동으로 분할된다고 볼 수도 없다. 이는 동일한 피담보채권이 모두 소멸할 때까지 자유롭게 근저당권 전부 또는 일부를 실행하여 각각의 채권최고액까지 우선변제를 받고자 누적적 근저당권을 설정한 당사자의 의사에 반하기 때문이다.

채무자 소유의 부동산과 물상보증인 소유의 부동산에 설정된 누적적 근저당권도 마찬가지이다. 따라서 채무자 소유 부동산에 설정된 근저당권은 물상보증인이 변제로 채권자를 대위할 경우 민법 제482조 제1항에 따라 행사할 수 있는 채권의 담보에 관한 권리에 해당한다.

2) 민법 제481조, 제482조가 대위변제자로 하여금 채권자의 채권과 그 채권에 대한 담보권을 행사할 수 있도록 하는 이유는 대위변제자의 채무자에 대한 구상권의 만족을 실효성 있게 보장하기 위함이다. 물상보증인은 채무자의 자력이나 함께 담보로 제공된 채무자 소유

부동산의 담보력을 기대하고 자신의 부동산을 담보로 제공한다. 누적적 근저당권의 피담보채권액이 각각의 채권최고액을 합한 금액에 미달하는 경우 물상보증인은 변제자대위 등을 통해 채무자 소유의 부동산이 가장 우선적으로 책임을 부담할 것을 기대하고 담보를 제공한다(누적적 근저당권의 피담보채권액이 각각의 채권최고액을 합한 금액보다 큰 경우에는 채권자만이 모든 근저당권으로부터 만족을 받게 되므로 물상보증인의 변제자대위가 인정될 여지가 없다). 그 후에 채무자 소유 부동산에 후순위저당권이 설정되었다는 사정 때문에 물상보증인의 기대이익을 박탈할 수 없다.

3) 반면 누적적 근저당권은 공동근저당권이 아니라 개별 근저당권의 형식으로 등기되므로 채무자 소유 부동산의 후순위저당권자는 해당 부동산의 교환가치에서 선순위근저당권의 채권최고액을 뺀 나머지 부분을 담보가치로 파악하고 저당권을 취득한다. 따라서 선순위근저당권의 채권최고액 범위에서 물상보증인에게 변제자대위를 허용하더라도 후순위저당권자의 보호가치 있는 신뢰를 침해한다고 볼 수 없다.

다. 앞서 1.항에서 본 사실관계를 위와 같은 법리에 비추어 살펴본다.

송백과 원고들은 이 사건 대출금 채권을 누적적으로 담보하기 위하여 자신들 소유의 부동산을 담보로 제공하고 이 사건 A, B, C그룹 근저당권을 각각 설정하였다. 그런데 푸른상호저축은행은 이 사건 B그룹 근저당권에 기하여 원고들 소유 부동산의 협의취득 보상금에 물상대위권을 행사하여 이 사건 대출금 일부를 변제받았고, 원고 1은 자기 소유의 부동산에 관한 이 사건 A그룹 근저당권의 실행을 연기하기 위하여 푸른상호저축은행에 이 사건 대출금 일부를 대위변제하였다. 그렇다면 원고들은 변제자대위에 의하여 푸른상호저축은행이 이 사건 대출금 채권을 담보하기 위하여 보유하고 있는 이 사건 A, C그룹 근저당권을 푸른상호저축은행의 승계인인 쓰리엠모터스와 함께 행사할 수 있다고 할 것이다.

나아가 원고 1은 이 사건 대출금 채권 전체에 대하여 연대보증인의 지위도 겸하고 있어 위 각 변제는 연대보증인의 변제에도 해당하므로, 원고 1은 연대보증인의 지위에서도 이 사건 A, C그룹 근저당권에 대해 변제자대위를 할 수 있다.

따라서 원고들은 이 사건 경매절차에서 이 사건 A, C그룹 근저당권의 각 채권최고액 중 쓰리엠모터스가 우선변제받고 남은 금액이 있으면 원고들의 구상권의 범위에서 후순위근저당권자인 피고에 우선하여 배당받을 수 있다.

원심은 이와 같은 취지에서 원고들이 이 사건 A, C그룹 근저당권을 대위행사할 수 있고, 위 근저당권의 각 채권최고액 중 쓰리엠모터스에 배당된 금액을 뺀 나머지 범위에서 피고에 우선하여 배당받을 수 있다고 판단하였다. 이러한 원심의 판단은 앞서 본 법리에 따른 것으로 정당하다. 원심의 위 판단에 상고이유 주장과 같이 누적적 근저당권과 변제자대위에 관한 법리를 오해하여 판결에 영향을 미친 잘못이 없다.

3. 배당액의 계산에 관한 심리미진 주장(상고이유 제4점)에 대한 판단

원심은 이 사건 경매절차에서 쓰리엠모터스에게 배당하고 남은 매각대금이 원고들이 대위행사하는 각 근저당권의 잔존 채권최고액은 물론 원고들의 구상금 채권의 원본인 대위변제금액에도 미달하므로, 원고들은 각 근저당권의 잔존 채권최고액의 범위에서 자신들이 배당받을 채권액을 부동산별로 자유롭게 배분하여 배당을 신청할 수 있다고 판단하였다.

관련 법리와 기록에 비추어 살펴보면, 원심의 위 판단에 상고이유 주장과 같이 배당액의 계산에 관하여 필요한 심리를 다하지 않아 판결에 영향을 미친 잘못이 없다.

4. 결론
그러므로 상고를 모두 기각하고, 상고비용은 패소자가 부담하도록 하여, 관여 대법관의 일치된 의견으로 주문과 같이 판결한다.

대법관 김상환(재판장) 박상옥 안철상(주심) 노정희[11]

---

11) 출처: 대법원 2020. 4. 9. 선고 2014다51756, 51763 판결 [배당이의·배당이의] > 종합법률정보 판례

기타 법률규정에 의한 경우

법정지상권의 취득(민법305조), 관습법상의 지상권의 취득(대법원 판결1966. 9. 20. 66다1434 등), 용익물권의 존속기간 만료에 의한 소멸, 피담보채권의 소멸에 의한 저당권의 소멸, 법정대위에 의한 저당권의 이전(민법368조, 민법148조), 혼동에 의한 물권의 소멸(민법191조), 소멸시효에 의한 물권의 소멸, 법률행위의 무효. 취소에 의한 물권의 복권 등을 들 수 있다. 예외로 20년 간 부동산을 평온 공연하게 점유하는 자는 '등기함으로써' 소유권을 취득한다. 이 부분을 쉽게 설명 하려면 많은 분량의 글을 써야 하므로 우선은 소송 하지 않고도 할 수 있는 일은 이런 것들이 있구나 하는 정도로 알고 계시면 좋겠다.

제6장

변호사 없으면
반드시 패소하는 5가지 경우

법을 두려워하면 언제나 즐겁고,
공적인 일을 속이면 날마다 근심하게 된다.
- 《명심보감》

이럴 땐 반드시 변호사에게 가라

법에 관하여 전혀 모르는 경우

사례를 들어보자. 한 의뢰인이 사무실로 찾아왔는데, 차용증서를 보니 채권(돈을 받을 수 있는 권리) 기간이 13년 정도 지나 있었다. 채무자(돈 갚을 사람)가 아직 돈이 없다며 갚지 않고 있는데, 실은 지방에서 농사를 지으며 논도 많고 재산도 있다는 것이었다.

채권의 소멸시효가 10년이다. 그런데 그 기간이 지났지만, 의뢰인도 채무자도 법을 잘 모르는 상황이었다. 솔직하게 사실을 이야기해 주었음에도 자신은 바빠 소송을 못 하니, 변호사를 대리인으로 하여 소송을 해 달라고 요구했다. 실제로 소송을 하였으나 채무자는 아무런 답변서가 없었고, 두 번의 불출석으로 곧 원고 승소 판결을 받았다.

이후 피고는 판결서를 받고 변호사를 대리인으로 선임하여 항소하였다. 의뢰인에게 1심은 승소했지만 2심은 상대방이 변호사를 선임하였기 때문에 승소가 어려우니 참고하라고 했다.

그럼 왜 1심에서는 승소하였을까? 민사재판은 변론주의이다. 다시 말하면 판사는 원고나 피고가 주장하는 범위에서만 판결을 한다. 결국 상대방의 답변이 없어서 승소한 것이다. 이런 경우 반드시 법률전문가인 변호사를 선택해야 한다. 법원에 국선변호사를 요청하면 된다.

상대방이 변호사를 선임했을 경우

우선 변호사란 어떤 사람을 말하는가? 단순히 사법고시에 합격한 사람이나 변호사 시험에 합격한 사람이 아니다. 변호사란 사법시험에 합격하거나 변호사 시험에 합격한 사람 중 변호사협회에 등록하고 로펌(법률회사)으로 가서 변호 업무를 하거나 개인이 사무실을 차려놓고 변호 업무를 하는 자를 말한다.

그러면 의뢰인이나 타인이 위와 같은 변호사를 선임하여 재판을 진행 중인데, 이때도 그 사람을 변호사라고 부르는가? 아니다. 변호사를 대리인으로 선임하면 그다음부터는 변호사가 아니고 대리인 또는 변호인이라고 부른다. 변호사 시험에 합격한 사람을 일반인이 변호사라고 부르는 것은 잘 몰라서 그렇게 호칭하는 것이다.

법관과 판사는 어떻게 다른가? 같은 말이다. 판사는 공무원이다. 공무원으로서는 법관이라고 부르고, 일반적으로는 판사라고 부른다.

상대방이 변호인, 즉 대리인이 있고 자신의 법률적인 지식이 부족하다면 변호사를 선임해야 한다. 아는 변호사가 있으면 좋지만 그렇지 않다면 변호사협회에 문의하여 선임하는 것이 좋다. 인터넷에서도 전문 변호사를 찾을 수 있다. 법원의 국선변호인 중에서 진행 중인 사건의 전문 변호사를 골라 국선변호인 신청을 하면 법원에서 받아준다. 변호사 비용은 법상 하한가나 상한가가 없다. 따라서 아무리 전문 변호사라도 전관변호사(판사 혹은 검사 출신 변호사)는 비싸고 전관이 아닌 변호사는 수임료를 적게 받는다. 일반적으로 그렇다는 것이다.

소송당사자가 변호사를 선임하면 변호사는 당심 끝날 때까지는 소송당사자의 법률대리인으로서 역할을 한다. 의뢰인 입장에서는 변호사를 돈 주고 샀다거나 변호사를 고용했다고 말한다. 모두 같은 뜻이다.

형사 채무사건인 경우

형사사건도 민사사건처럼 조정 제도가 있다. 사기죄를 예로 들자면, 1억 원을 못 받은 사람이 상대방을 사기죄로 고소하여 검찰청에서 조사 후 합의를 유도하는 측면이 있다. 고소한 사람으로서는 최종적으로 피해액을 받는 것이 목적이므로, 그 부분을 감안하여 조정 제도가 생긴 것이다.

이 조정 제도는 피의자가 응하지 않으면 할 수 없다. 이런 경우 피의자가 조정에 응하고 변제를 했을 경우 검사는 불구속 기소를 한다거나 구속된 피의자를 보석으로 석방하는 등 많은 도움을 준다.

합의가 성립되지 않았다면 피의자가 형사사건으로서 1억 원을 차용한 사실은 모두 인정해 놓고도 피해자가 민사소송을 하면 이를 모두 부인할 수 있다. 차용증서도 없고 다른 서류상 증거도 없을 때 대리인(변호인)이 있다면, 형사사건에서 피의자가 인정한 부분의 기록을 법원에 신청하여 알아볼 수 있다. 만약에 변호사를 선임하지 않았다면 형사사건의 기록은 열람할 수 없다. 물론 이 부분을 모두 인정해 줄 것인지 아니면 인정해 주지 않을 것인지는 장담할 수 없지만, 그래도 피해자 입장에서는 다소 도움이 될 것이다.

피의자란 형사사건으로 경찰이나 검찰 등 수사기관의 조사를 받았으나 아직 기소되지 않은 상태의 사람을 말한다, 기소는 검사가 범죄가 인정된다고 판단하고 법원에 공판을 제기하는 것을 말한다. 현행법상 공소제기는 검사만이 할 수 있다. 이것을 기소독점주의라고도 한다.

사채 변제 시 영수증을 받지 못한 경우

사채업자는 담보를 제공하지 않고는 돈을 빌려주지 않는다. 원하는 금액을 빌리고 기간이 되어 갚으려고 하면 벌써 사채 사무실은 어딘가로 사라진다. 이때 연락이 되지 않으므로 차용금 받았을 때의 통장으로 입금을 해주는 것이 일반적이다.

사례를 들어 보겠다. 나이 70이 넘은 한 여자 분이 경매 통지서를 가지고 사무실을 찾아왔다. 서울 면목동에 조그마한 단독주택을 소유하고 있는데, 법원에서 경매 통지가 왔다는 것이었다. 내용을 읽어본즉 피해자가 돈을 빌렸던 사채업자였다.

사채업자에게 빌린 돈을 모두 변제하였느냐고 묻자 통장을 보이면서 3년 전 사채업자가 이사를 하였고, 연락이 되지 않아 온라인으로 전액 변제하였다는 것이다. 그럼 이자가 밀린 것 아니냐고 묻자 모두 변제하였다는 것이다. 모두 변제했다는 영수증은 없다. 법원에서는 사채업자가 근저당한 부동산을 경매 진행했으므로 잘못을 인정하기 어렵다.

변호사를 선임하여 경매 정지 신청을 했고 채무부존재확인의소를 법원에 제출했다. 법원에서는 당시 변제를 했다면 영수증이 있을 것이고, 채권자를 찾을 수 없다면 주소 보정을 하라고 보정명령을 하였다. 보정명령을 하여 주소를 알아냈지만 주민센터에 등재된 주소에 거주를 하지 않아 더 이상 거주지를 알 수 없었다. 결국 패소하였다. 하지만 변호인은 억울한 의뢰인을 돕기 위해 소송 사기 죄로 경찰서에 고소장을 제출하였다.

경매 사건 때 주소지 송달이 되지 않은 것처럼 형사사건 시에도 송달이 되지 않아 사건 담당 형사는 기소중지 처분을 하기 위해 경찰서 추적반(출석하지 않은 피의자를 잡아오는 부서)에 사건을 넘겼고, 결국 체포되었다. 고소 대리인 사무실에 경찰이 전화가 왔다. 피의자가 사실대로 진술하지 않으니 대질신문을 해야 한다고. 변호사가 출석하여 사채를 모두 변제했는데 왜 경매를 했냐고 말하자, 사채업자인 피의자는 함께 사채업을 하는 다른 동료 직원이 돈 받은 것을 모르고 그랬다며 바로 경매를 취하하겠다고 했다.

70대 할머니인 피해자가 변호사를 선임하지 않았다면 이렇게 복잡한 과정을 혼자 해결할 수 있었을까? 이런 경우 변호사를 선임하길 잘한 것이다.

의뢰인이 허위로 소송을 한 경우

한 의뢰인이 기간이나 시효가 모두 지난 약속어음 원본을 들고 소송을 하고 싶다며 사무실로 찾아왔다. 채권 시효가 모두 지났는데 어떻게 소송을 하느냐고 하자 그래도 돈을 받지 못했기에 소송을 의뢰한다는 것이었다. 새로이 차용증서를 받지 않으면 소송을 할 수 없다고 상담해 주자, 그럼 받아 오겠다고 했다. 채무자도 약속어음이 여러 장이라 모두 변제했는지 알 수가 없다면서 그중 몇 장의 차용증을 받아왔다. 기한에 돈을 전부 받는 것이 아니라 조금 받고 또 돈을 빌려주고를 반복했기에 채무자도 제대로 기억이 나지 않는다는 것이었다. 이렇게 사채업자는 채권금을 모두 받고도 돈을 빌려 간 사람이 세월이 지나 잊을 때쯤, 마치 채권금액이 남아있는 것처럼 물귀신같이 소송을 의뢰한다. 소송 진행 중 피고는 법정에서 울면서 하소연한다. 오랜 기간 돈거래를 한 것은 사실이지만 돈을 받지 않았다면 왜 그때 당시에 말하지 않다가 인제 와서 돈을 요구하는지 이해가 가지 않는다는 통곡 소리다.

변론을 마치고 복도에서 원고와 피고가 싸우기 시작한다. 피고는 채권 시효가 지났다는 것은 모른 채, 돈을 다 갚은 것으로 알고 있는데 왜 차용증서를 받아 갔는지 따지며, 자신도 변호사를 선임하겠다고 한다. 이후 의뢰인을 사무실로 불러 사실대로 말해 보라고 하자, 자신도 여러 번 돈을 빌려주다 보니 어느 것을 변제받았고 어느 것을 못 받았는지 확실히 기억나지 않는다고 했다.

다음 재판 때 상대방 대리인이 증인을 동행하고 판사에게 증인채택을 요구했다. 원고와 친한 같은 동네 사는 분이었다. 재판이 끝나고 또 복도에서 빌린 돈을 다 갚았는데 무슨 이유로 차용증서를 받아 그것으로 소송을 하느냐면서 시끄럽게 하더니, 민사소송을 취하하지 않으면 고소하겠다고 하고 헤어졌다. 나머지 판단은 판사가 알아서 할 일이다. 원고 측에서도 원고가 허위 주장을 한다는 생각이 들긴 하지만 함부로 말할 수는 없다. 원고 측 변호인이기 때문이다.

결론적으로 조정을 신청하여 소송 비용 정도만 받기로 하고 소송은 끝났다. 만약 상대방이 변호사를 선임하지 않았다면 어땠을까?

차용증서란 돈을 빌려주고 얼마를 빌리고 언제까지 갚겠다는 내용을 담은 증서이다. 현금보관증, 이행각서, 각서, 약정서, 차용증 모두 같은 뜻이다.

제7장

피해자(의뢰인)도
법을 잘 알아야 승소한다

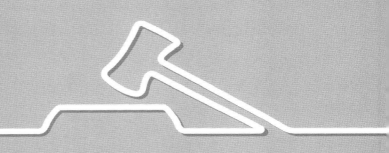

너무 온건한 법은 거의 존속되지 않으며,
지나치게 엄격한 법은 거의 시행되지 못한다.
- 벤저민 프랭클린

원고나 피고가 제대로 특정되지 않으면 각하된다.

사건 당사자도 아닌데 원고나 피고로 특정해서는 안 된다.

> **우리가 맨 먼저 해야 할 일은 법률가들을 모조리 때려죽이는 일이다.**
> **- ≪헨리 6세≫**

위 명언은 다음 사례를 확인해 보면 그 이유를 알 수 있다. 세무 사건의 상담 문의가 왔다. 변호사가 재판을 진행 중이니 우선 사건 내용을 이야기하면 추후 답을 달라고 하여 서류를 받고 의뢰인을 보냈다. 의뢰인이 사업할 당시 부가가치세를 납부하지 않아 모 회사 의뢰인의 주식에 세무서에서 압류해 놓았는데 상담 오신 분은 그 회사를 잘 알고는 있으나 이사로 재직한 사실이 없고 주식도 소유한 사실이 없다는 것이다. 어떻게 된 일일까?

주식을 갖고 있지 않다고 하여 회사에 연락해서 주주명부를 확인하니, 상담한 의뢰인이 이사로 등재되어 있고 주식도 있었다. 세무서장을 상대로 주식압류 무효 소송을 했다. 세무법인 세무사에게 문의한바, 원고는 압류당한 사람으로 소송하면 된다고 했다.

사건을 수임하고 압류당한 사람을 원고로, 세무서장을 피고로 주식압류 무효 소송을 했다. 소송 진행 중 갑자기 변호사가 부르더니 누가 압류당한 사람을 원고로 하라 했냐고 물어서 세무사에게 문의하였다고 했다.

세무사는 법을 잘 모른다면서 (1) 원고를 회사 대표이사로, 피고를 세무서장으로 한 건, (2) 원고를 주식회사로, 피고는 세무서장으로 한 건 이렇게 두건을 소송을 했다. 피고 특정이 어려우니 두 개를 소송하면 한 개는 받아주지 않겠냐는 말이었다. 하지만 두 건 모두 각하되었다. 여기에서 각하란 소송 요건이 되지 않는다는 것을 의미한다. 다시 말하면 원고 특정이 잘못되었다는 뜻이다.

이래도 변호사를 만물박사처럼 믿을 것인가. 변호사만 믿으면 반드시 망한다. 당해 사건의 전문 변호사가 아닌 변호사는 그 분야를 잘 모른다. 명심하라.

첨언하자면 세무사건, 지식재산권사건, 교통사고 시 손해배상사건, 재건축사건, 경매사건, 청소년범죄사건 등은 반드시 이 분야의 전문 변호사를 선임하는 것이 현명하다. 이 분야의 전문 변호사가 아니면 소송에서 승소하기 어렵다.

검찰에도 조정 제도가 있어 채권을 변제받을 수 있다

사기, 횡령, 절도, 강도, 폭력, 배임, 공갈, 성폭력, 재물손괴, 상해, 중상해, 특수상해, 폭행치사상 등의 범죄는 검사가 기소 전에 조정을 한다. 물론 피해자나 피의자가 거부하면 조정은 이루어지지 않는다. 하지만 구속 상태의 피의자이든 불구속 상태의 피의자이든 피의자 입장에서는 검사가 직접 이야기하면 혹시라도 불리한 형벌이 두려워 대부분 조정이 이루어진다.

검찰에서 합의가 되지 않은 경우 법원에 배상명령을 신청하면 된다. 법원의 직권 또는 피해자, 상속인까지도 신청할 수 있다. 배상명령 신청 양식은 법률구조공단 홈페이지를 이용하면 된다. 배상명령을 신청하는 비용은 0원이다. 주의할 것은 형사사건의 공판이 진행 중이거나 그 이후 공판변론 종결 시까지 신청할 수 있다는 점이다.

민사사건은 재판이라는 용어를 사용하고, 형사사건은 공개 재판이므로 공판이라는 용어를 사용한다.

민사사건임에도 형사사건으로 돈을 받을 수 있는가

이런 경우 배상명령 신청을 해야 한다. 채권자와 피의자나 피고인이 쌍방 다툼이 없어야 한다. 예를 들어 채권자는 1,000만 원을 받아야 하는데 피의자나 피고인은 일부 변제하고 800만 원을 갚으면 된다고 다툴 경우 배상명령은 기각된다. 여기에서 피의자란 형

사사건으로 소추되어 조사 후 기소 이전인 사람을 말하고, 피고인
이란 공소를 제기하여 공판을 받는 사람을 말한다. 구속이든 불구
속이든 같다.

1억 원이 넘는 등 금액이 클 경우에는 쉽지 않으나, 1억 원 미만
은 배상명령이나 현금을 받는 등 많이 해결된다. 이렇게 합의하면
구속된 피고인은 형벌을 받을 때 집행유예나 보석으로 풀려나는 경
우가 있으므로 본인보다는 가족이 서둘러 합의하려고 한다. 실무에
서 보면 재산범죄는 합의하여 피해액을 모두 변제하면 대부분 풀려
난다.

자식이 부모를 고소할 수 있는가

민법에는 자식이 부모를 고소할 수 없도록 명시되어 있다. 그럼
에도 부모가 자식을 폭행하는 등 학대하거나, 부모가 아들이나 딸
을 성폭행하거나, 가정폭행을 일삼은 경우에는 특별법으로 피해당
한 자녀가 부모를 고소할 수 있다.

성폭행이나 학대는 엄한 처벌을 받으나 가정폭행은 대부분 처벌
보다는 순화교육을 통해 정상적으로 화목하게 살도록 교육한다. 이
런 경우에는 변호사를 선임하면 신변보호도 되고 비밀도 지켜지고
접근금지를 하는 등 법률적인 도움을 받을 수 있다. 법률구조공단
에 신청하면 돈을 들이지 않고도 변호사의 도움을 받을 수 있다.

아동학대 예방은 주변의 관심이 필요하다

아동학대는 대부분 재혼가정에서 많이 난다. 유치원이나 유아원에서도 교사들이 학부모 모르게 많은 학대를 한다. 이를 처벌하려고 고소장을 작성하면, 어떤 학부모들은 다른 유치원이 멀어서 다닐 수가 없으니 이번에는 용서해준다고 말하기도 한다. 한 번만 더 아동학대를 하면 영업을 정지하도록 유치원 담당 행정기관에 통보하고, 학대 교사는 형사고소를 하겠다는 엄포를 할 수는 없냐고 묻는 분도 있다.

아동학대를 발견하면 바로 경찰에 신고하는 것이 예방 차원에서 좋다. 아동학대에 관한 사례를 보자. 어떤 똑똑한 중학교 여학생이 소개를 받고 사무실을 찾았다. 사연인즉, 자신은 아버지 어머니와 방 한 칸 있는 단독주택 지하에서 세를 살고 있는데, 가족이 가락시장에서 장사를 하다가 잘되지 않자 아버지는 친구들과 화투를 하여 가사를 탕진하고 행방불명이 됐으며, 어머니는 자신에게 돈이 없으니 집을 나가 아르바이트를 하든가 학교를 그만두고 직장을 다니라면서, 집에 잠잘 곳이 없다는 핑계로 자신을 추운 겨울에 쫓아냈다는 것이다. 이런 경우 자신이 어떻게 해야 되느냐고 물었다.

쫓아낸 어머니를 학대로 고소하여 처벌할 수 있다고 하자, 자신이 살길을 상담해 달라는 뜻이었다고 했다. 어머니가 형편이 어려워서 그랬지만, 어머니와 함께 생활하고 틈틈이 아르바이트를 하면 좋겠다고 했다. 내 말을 듣고 집으로 들어간 어린 학생을 어머니는 가방을 뺏고 밥도 안 주고 말을 듣지 않는다며 회초리로 심하게 때렸다. 얼마나 많이 맞았는지 종아리가 통통 부었다는 전화가 왔다. 어머니가 친엄마냐고 묻자 계모란다.

물론 계모라고 해서 자기 자식 외의 아이를 학대하는 것은 아니다. 모든 계모가 친자가 아닌 아이를 학대 한다고 보는 것은 성급한 일반화의 오류이다. 다만, 아동학대 관련 사건을 살펴보면 계모가 자행한 경우가 상당수 있어 더욱 안타까움을 더한다.

1개월 후 추운 겨울, 학생은 집에서 나가지 않는다는 이유로 어머니에게 산으로 끌려가 죽을 만큼 맞았다. 온몸이 멍이 들었다. 밥을 주지 않으니 몸은 앙상한 뼈가 다 보일 정도였다. 이렇게 학대를 당하면서도 집을 나오면 잘 곳이 없으니 맞으면서도 함께 살아야 한다고 말하는 학생. 경찰에 신고하면 그 피해는 학생에게 가므로 신고도 못 한 채 모진 학대를 당했다.

다른 사례도 있다. 어떤 전철역 계단에 조그마한 박카스 담는 크기의 박스를 놓고 긴 머리로 얼굴을 전혀 보이지 않도록 하고 앉아 있는 사람을 보았다. 장애인이나 환자가 아닌가 싶어 불쌍하여 머리를 걷고 보니 어린 여학생이었다. 10살 정도의! 사연을 묻자 역시 계모의 구타를 못 견디어 집을 나와 노숙자가 된 것이었다. 이 아동 역시 몸에 앙상한 뼈밖에 없었다.

아동학대는 정말 사회적인 문제이지만 해결 방법이 막연하다. 아동학대를 막아달라고 캠페인도 하고 플래카드를 만들어 사람 많은 역 주변에 설치하기도 한다. 가해자 처벌보다는 피해자를 구제할 수 있는, 성년이 될 때까지 보호받을 수 있는 기관이 있었으면 하는 생각이 든다. 아동학대에 관한 최근 판례를 아래에 실었다.

대법원 2020. 3. 12. 선고 2017도5769 판결
[아동복지법위반(아동학대)][공2020상,794]

【판시사항】

[1] 아동복지법상 금지되는 '정서적 학대행위'의 의미 및 이에 해당하는지 판단하는 기준

[2] 어린이집 보육교사인 피고인이, 아동 갑(4세)이 창틀에 매달리는 등 위험한 행동을 한다는 이유로 갑을 안아 바닥에서 약 78cm 높이의 교구장 위에 올려둔 후 교구장을 1회 흔들고, 갑의 몸을 잡고는 교구장 뒤 창 쪽으로 흔들어 보이는 등 약 40분 동안 앉혀둠으로써 아동의 정신건강 및 발달에 해를 끼치는 정서적 학대행위를 하였다고 하여 아동복지법 위반(아동학대)으로 기소된 사안에서, 피고인이 갑을 정서적으로 학대하였다고 보아 유죄를 인정한 원심판단을 수긍한 사례

【판결요지】

[1] 아동복지법의 입법 목적(제1조), 기본이념(제2조 제3항) 및 같은 법 제3조 제7호, 제17조 제5호의 내용 등을 종합하면, 아동복지법상 금지되는 정서적 학대행위란 정신적 폭력이나 가혹행위로서 아동의 정신건강 또는 복지를 해치거나 정신건강의 정상적 발달을 저해할 정도 혹은 그러한 결과를 초래할 위험을 발생시킬 정도에 이르는 것을 말하고, 어떠한 행위가 이에 해당하는지 여부는 행위자와 피해아동의 관계, 행위 당시 행위자가 피해아동에게 보인 태도, 피해아동의 연령, 성별, 성향, 정신적 발달상태 및 건강상태, 행위에 대한 피해아동의 반응 및 행위를 전후로 한 피해아동의 상태 변화, 행위가 발생한 장소와 시기, 행위의 정도와 태양, 행위에 이르게 된 경위,

행위의 반복성이나 기간, 행위가 피해아동 정신건강의 정상적 발달에 미치는 영향 등을 종합적으로 고려하여 판단하여야 한다.

[2] 어린이집 보육교사인 피고인이, 아동 갑(4세)이 창틀에 매달리는 등 위험한 행동을 한다는 이유로 갑을 안아 바닥에서 약 78cm 높이의 교구장(110cm×29cm×63cm) 위에 올려둔 후 교구장을 1회 흔들고, 갑의 몸을 잡고는 교구장 뒤 창 쪽으로 흔들어 보이는 등 약 40분 동안 앉혀 둠으로써 아동의 정신건강 및 발달에 해를 끼치는 정서적 학대행위를 하였다고 하여 아동복지법 위반(아동학대)으로 기소된 사안에서, 피고인이 강압적이고 부정적인 태도를 보이며 4세인 갑을 높이 78cm에 이르는 교구장 위에 약 40분 동안 앉혀놓은 것은 그 자체로 위험한 행위일 뿐만 아니라 그 과정에서 갑은 공포감 내지 소외감을 느꼈을 것으로 보이고, 실제로 갑이 정신적 고통 등을 호소하며 일주일이 넘도록 어린이집에 등 원하지 못한 점 등 여러 사정에 비추어 피고인이 갑을 정서적으로 학대하였다고 보아 유죄를 인정한 원심판단을 수긍한 사례.

【참조조문】
[1] 아동복지법 제1조, 제2조 제3항, 제3조 제7호, 제17조 제5호
[2] 구 아동복지법(2017. 10. 24. 법률 제14925호로 개정되기 전의 것) 제71조 제1항 제2호, 아동복지법 제17조 제5호

【참조판례】
[1] 대법원 2015. 12. 23. 선고 2015도13488 판결(공2016상, 260)

【전 문】
【피 고 인】 피고인
【상 고 인】 피고인
【원심판결】 울산지법 2017. 4. 6. 선고 2016노1654 판결

【주 문】
상고를 기각한다.

【이 유】
상고이유를 판단한다.

아동복지법은 제1조에서 "이 법은 아동이 건강하게 출생하여 행복하고 안전하게 자랄 수 있도록 아동의 복지를 보장하는 것을 목적으로 한다."라고 규정하여 입법 목적을 밝히면서, 제2조 제3항에서 "아동에 관한 모든 활동에 있어서 아동의 이익이 최우선적으로 고려되어야 한다."라고 규정하여 그 기본이념을 밝히고 있다. 한편 제3조 제7호에서는 "아동학대란 보호자를 포함한 성인이 아동의 건강 또는 복지를 해치거나 정상적 발달을 저해할 수 있는 신체적·정신적·성적 폭력이나 가혹행위를 하는 것과 아동의 보호자가 아동을 유기하거나 방임하는 것을 말한다."라고 규정하고, 제17조 제5호에서는 '누구든지 아동에게 아동의 정신건강 및 발달에 해를 끼치는 정서적 학대행위를 하여서는 아니 된다'고 규정하고 있다.

위와 같은 아동복지법의 입법 목적, 기본이념 및 관련 조항들의 내용 등을 종합하면, 아동복지법상 금지되는 정서적 학대행위란, 정신적 폭력이나 가혹행위로서 아동의 정신건강 또는 복지를 해치거나 정신건강의 정상적 발달을 저해할 정도 혹은 그러한 결과를 초래할 위험을 발생시킬 정도에 이르는 것을 말하고(대법원 2015. 12. 23. 선고 2015도13488 판결 참조), 어떠한 행위가 이에 해당하는지 여부는 행위자와 피해아동의 관계, 행위 당시 행위자가 피해아동에게 보인 태도, 피해아동의 연령, 성별, 성향, 정신적 발달상태 및 건강상태, 행위에 대한 피해아동의 반응 및 행위를 전후로 한 피해아동의 상태 변화, 행위가 발생한 장소와 시기, 행위의 정도와 태양, 행위에 이르게 된 경위, 행위의 반복성이나 기간, 행위가 피해아동 정신건강의 정상적 발달에 미치는 영향 등을 종합적으로 고려하여 판단하여야 한다.

원심은 판시와 같은 이유를 들어, 보육교사인 피고인이 강압적이고 부정적인 태도를 보이며 4세인 피해아동을 높이 78cm에 이르는 교구장 위에 약 40분 동안 앉혀놓았는데, 이는 그 자체로 위험한 행위일 뿐만 아니라 그 과정에서 피해아동은 공포감 내지 소외감을 느꼈을 것으로 보이고, 실제로 피해아동이 정신적 고통 등을 호소하며 일주일이 넘도록 어린이집에 등원하지 못한 점 등 판시와 같은 여러 사정에 비추어 피고인이 피해아동을 정서적으로 학대하였다고 인정하고, 이 사건 공소사실을 유죄로 판단하였다.
원심판결 이유를 위 법리와 적법하게 채택된 증거에 비추어 살펴보면, 원심의 판단에 상고이유 주장과 같이 아동학대에 관한 법리를 오해한 위법이 없다.

한편 원심판결에 고의에 관한 법리오해의 위법이 있다는 상고이유 주장은 피고인이 원심에서 항소이유로 주장하거나 원심이 직권으로 심판대상으로 삼아 판단한 사항이 아니므로 적법한 상고이유가 되지 못한다.

그러므로 상고를 기각하기로 하여, 관여 대법관의 일치된 의견으로 주문과 같이 판결한다.

대법관 안철상(재판장) 박상옥 노정희 김상환(주심)[12]

---

12) 출처: 대법원 2020. 3. 12. 선고 2017도5769 판결 [아동복지법위반(아동학대)] > 종합법률정보 판례

비밀을 유지하기 위해

변호사는 법률대리를 할 수 있으므로 변호사를 선임하면 의뢰인을 대신하여 법원에 출석하고 변론을 하게 된다. 변호사법에 따르면, 변호사는 의뢰인으로부터 알게 된 비밀을 모두 지키도록 명시되어 있다. 개인적인 비밀이든 영업상의 비밀이든 모두 지키도록 되어있다. 변호사는쌍방대리는 허용되지 않는다. 재판기록을 복사하려면 기본적으로 원고 대리인 입장에서 소송기록을 복사 하려면 원고에 관한 서류만 복사가 가능하다.

그런데 피고는 거래를 원고 하고만 하기로 계약을 해 놓고 다른 제3자와 거래를 하고있어 영업상 많은 피해를 보고 있어 기록복사 신청을 하면 법관이 허락해 주지않는다. 이때 그 증거물이 아니면 실체적 진실을 밝힐수 없다고 기재를 해도 판사가 허락을 해 주지 않는다. 그런데 최근에 피고의 증거물이 아니면 진실을 밝히기가 어려운 경우 기록복사를 해 주도록 대법원의 판결이 있다. 그후에도 기록복사는 하되 주민등록번호와 주소 전화번호는 복사되지않고 만약에 복사 했으면 법원직원이 검정메직으로 모두 지운다. 그 중요한 자료는 법원에서만 사용하고 일체 비밀로 하기에 비밀이 지켜진다. 영업비밀에 관한 판례를 알아보자.

대법원 2020. 1. 9. 자 2019마6016 결정
[재판기록의열람등제한][공2020상,409]

【판시사항】

[1] 민사소송법 제163조 제1항 제2호에서 정한 '영업비밀'의 개념은 부정경쟁방지 및 영업비밀보호에 관한 법률상 영업비밀의 개념과 동일하게 해석하여야 하는지 여부(적극) / 부정경쟁방지 및 영업비밀보호에 관한 법률상 '영업비밀'에 해당하기 위한 요건

[2] 미확정 상태의 소송기록에 적혀 있는 영업비밀의 보호 필요성

[3] 다른 사건의 소송당사자로서 제3자인 갑 주식회사가 아직 미확정 상태인 사건의 소송기록을 대상으로 문서송부촉탁을 신청하여 채택되자, 미확정 사건의 소송당사자인 을 주식회사가 위 소송기록 중 일부 문서에 영업비밀이 포함되어 있다며 그 일부 문서에 대하여 열람 제한 등을 신청한 사안에서, 을 회사가 열람 제한 등을 신청한 대상문서 중 일부는 을 회사가 제3자와 체결한 계약서이고, 그 계약서의 비밀준수의무 관련 조항 등에 비추어 위 계약서에 영업비밀이 적혀 있다는 점에 대한 소명이 있다고 볼 여지가 있는데도, 이와 달리 보아 위 계약서에 관한 열람 제한 등 신청을 기각한 원심결정 부분에는 민사소송법 제163조 제1항 제2호, 부정경쟁방지 및 영업비밀보호에 관한 법률 제2조 제2호에서 정한 영업비밀 소명 등에 관한 법리오해의 잘못이 있다고 한 사례

【판결요지】

[1] 민사소송법 제163조 제1항 제2호에 의하면, 소송기록 중에 당사자가 가지는 영업비밀이 적혀 있는 때에 해당한다는 소명이 있는 경우에

<u>는 법원은 당사자의 신청에 따라 결정으로 소송기록 중 그 부분의 열람</u>
<u>등을 신청할 수 있는 자를 당사자로 한정할 수 있다. 위 조항은 "이때</u>
<u>의 영업비밀은 부정경쟁방지 및 영업비밀보호에 관한 법률 제2조 제2</u>
<u>호에 규정된 영업비밀을 말한다."라고 규정하고 있으므로 위 영업비밀</u>
<u>의 개념은 부정경쟁방지 및 영업비밀보호에 관한 법률상의 영업비밀의</u>
<u>개념과 동일하게 해석함이 타당하다.</u>

2015. 1. 28. 법률 제13081호로 개정되기 전의 부정경쟁방지 및 영
업비밀보호에 관한 법률 제2조 제2호에서는 영업비밀에 관하여 상
당한 노력에 의하여 비밀로 유지될 것을 요구하였고, 대법원 2008.
7. 10. 선고 2008도3435 판결, 대법원 2017. 1. 25. 선고 2016도
10389 판결 등도 "'상당한 노력에 의하여 비밀로 유지된다'는 것은
그 정보가 비밀이라고 인식될 수 있는 표시를 하거나 고지를 하고,
그 정보에 접근할 수 있는 대상자나 접근 방법을 제한하거나 그 정
보에 접근한 자에게 비밀준수의무를 부과하는 등 객관적으로 그 정
보가 비밀로 유지·관리되고 있다는 사실이 인식 가능한 상태인 것
을 말한다."라고 판시하였다. 이후 법률 제13081호로 개정된 부정
경쟁방지 및 영업비밀보호에 관한 법률 제2조 제2호에서는 '합리적
인 노력에 의하여 비밀로 유지'될 것만을 요구하게 되었다(나아가
2019. 7. 9.부터 시행되는 2018. 1. 8. 법률 제16204호로 개정된
부정경쟁방지 및 영업비밀보호에 관한 법률 제2조 제2호에서는 영
업비밀에 관하여 '비밀로 관리'될 것만을 요구하고 있다).
[2] 확정판결서에 대하여는 누구든지 열람 및 복사를 할 수 있고
(민사소송법 제163조의2), 확정된 소송기록은 학술연구 등 일정한
목적하에 열람할 수 있도록(민사소송법 제162조 제2항) 정한 반
면, 미확정 상태의 소송기록에 관하여는 당사자나 이해관계를 소
명한 제3자만이 열람 등이 가능하도록(민사소송법 제162조 제1항)
정하고 있다.

그런데 민사소송법 제352조에 따라 미확정 상태의 다른 소송기록을 대상으로 하는 문서의 송부가 촉탁된 경우, 해당 소송기록을 보관하는 법원은 정당한 사유가 없는 한 이에 협력할 의무를 부담한다(민사소송법 제352조의2). 이에 따라 이해관계의 소명이 없는 제3자라 할지라도 다른 미확정 상태의 소송기록을 대상으로 문서송부촉탁을 신청하여 채택된다면, 대상 기록에 관해 민사소송법 제163조의 소송기록 열람 등 제한이 되어 있지 않는 경우에는, 제한 없이 미확정 상태의 소송기록을 열람할 수 있는 결과가 된다. 대상문서를 지정하지 않은 채로 법원의 송부촉탁 결정이 이루어지고, 송부촉탁 결정 이후 신청인이 직접 대상 기록을 열람한 후에 필요한 부분을 지정하여 문서송부촉탁이 이루어지고 있는 현실에 비추어 본다면, 미확정 상태의 소송기록에 적혀 있는 영업비밀을 보호할 필요성이 더욱 크다.

[3] 다른 사건의 소송당사자로서 제3자인 갑 주식회사가 아직 미확정 상태인 사건의 소송기록을 대상으로 문서송부촉탁을 신청하여 채택되자, 미확정 사건의 소송당사자인 을 주식회사가 위 소송기록 중 일부 문서에 영업비밀이 포함되어 있다며 그 일부 문서에 대하여 열람 제한 등을 신청한 사안에서, 을 회사가 열람 제한 등을 신청한 대상문서 중 일부는 을 회사가 제3자와 체결한 계약서이고, 그 계약서의 비밀유지의무 관련 조항은 계약당사자에 대해 비밀유지의무를 부과할 뿐 아니라 나아가 계약당사자로 하여금 '이사, 임원, 직원, 대리인 및 하청업자에게 위 조항의 모든 사항을 준수할 수 있도록 필요한 모든 조치를 취하여야 한다'는 구체적인 의무를 부과하는 한편, 위 조항이 계약 종료 후 3년간 유효하다고 정함으로써 합리적인 기간 내로 그 의무의 부담을 제한하고 있는데, 이와 같이 비밀유지조항의 내용이 단순히 추상적이고 일반적인 비밀유지의무만을 부과하는 데 그치지 않고 상대방에 대하여 해당 계약서의 관리방법 또는 그 계약서에 접근할 수 있는 임직원과 피용자 등에

게 비밀유지의무를 부과하도록 하는 등 계약 내용을 비밀로 관리해야 하는 구체적인 감독의무를 부과하는 정도까지 규정하였다면, 적어도 이러한 정도의 비밀유지의무가 부과된 문서에 관하여는 영업비밀이 적혀 있다는 소명이 있다고 볼 여지가 있고, 문서송부촉탁 신청의 채부를 결정할 때 그 대상인 소송기록에 영업비밀이 포함되어 있는지는 고려하지 않아 구체적 비밀유지의무가 부과되어 있는 위 계약서가 제한 없이 제3자에게 공개될 위험성도 크므로, 을 회사의 신청을 기각한 원심결정 중 위 계약서에 영업비밀이 적혀 있다는 점에 대한 소명이 부족하다고 보아 위 계약서에 관한 열람 제한 등 신청을 기각한 부분에는 민사소송법 제163조 제1항 제2호, 부정경쟁방지 및 영업비밀보호에 관한 법률 제2조 제2호에서 정한 영업비밀 소명 등에 관한 법리오해의 잘못이 있다고 한 사례.

【참조조문】
[1] 민사소송법 제163조 제1항 제2호, 구 부정경쟁방지 및 영업비밀보호에 관한 법률(2015. 1. 28. 법률 제13081호로 개정되기 전) 제2조 제2호, 구 부정경쟁방지 및 영업비밀보호에 관한 법률(2018. 1. 8. 법률 제16204호 개정되기 전의 것) 제2조 제2호, 부정경쟁방지 및 영업비밀보호에 관한 법률 제2조 제2호 [2] 민사소송법 제162조 제1항, 제2항, 제163조, 제163조의2, 제352조, 제352조의2 [3] 민사소송법 제162조 제1항, 제2항, 제163조, 제163조의2, 제352조, 제352조의2, 구 부정경쟁방지 및 영업비밀보호에 관한 법률(2015. 1. 28. 법률 제13081호로 개정되기 전의 것) 제2조 제2호, 구 부정경쟁방지 및 영업비밀보호에 관한 법률(2018. 1. 8. 법률 제16204호 개정되기 전의 것) 제2조 제2호, 부정경쟁방지 및 영업비밀보호에 관한 법률 제2조 제2호

【참조판례】
[1] 대법원 2008. 7. 10. 선고 2008도3435 판결(공2008하, 1212)

대법원 2017. 1. 25. 선고 2016도10389 판결

【전 문】

【신청인, 재항고인】
아시아나 항공 주식회사 (소송대리인 법무법인(유한) 태평양 담당
변호사 송우철 외 4인)

【피신청인, 상대방】엘에스지스카이셰프코리아 주식회사

【원심결정】서울고법 2019. 7. 4.자 2019라20065 결정

【주 문】
원심결정의 별지 2 목록 서증 중 갑 제6호증의 1, 2의 문서에 관
한 부분을 파기하고, 이 부분 사건을 서울고등법원에 환송한다.
나머지 재항고를 기각한다.

【이 유】
재항고 이유를 판단한다.

1. 소송기록 열람 등의 제한 신청에서 영업비밀의 소명

가. 영업비밀의 개념
민사소송법 제163조 제1항 제2호에 의하면, 소송기록 중에 당사
자가 가지는 영업비밀이 적혀 있는 때에 해당한다는 소명이 있는
경우에는 법원은 당사자의 신청에 따라 결정으로 소송기록 중 그
부분의 열람 등을 신청할 수 있는 자를 당사자로 한정할 수 있다.
위 조항은 "이때의 영업비밀은 부정경쟁방지 및 영업비밀보호에

관한 법률(이하 '부정경쟁방지법'이라고 한다) 제2조 제2호에 규정된 영업비밀을 말한다."라고 규정하고 있으므로 위 영업비밀의 개념은 부정경쟁방지법상의 영업비밀의 개념과 동일하게 해석함이 상당하다.

2015. 1. 28. 법률 제13081호로 개정되기 전의 부정경쟁방지법 제2조 제2호에서는 영업비밀에 관하여 상당한 노력에 의하여 비밀로 유지될 것을 요구하였고, 대법원 2008. 7. 10. 선고 2008도3435 판결, 대법원 2017. 1. 25. 선고 2016도10389 판결 등도 "'상당한 노력에 의하여 비밀로 유지된다'는 것은 그 정보가 비밀이라고 인식될 수 있는 표시를 하거나 고지를 하고, 그 정보에 접근할 수 있는 대상자나 접근 방법을 제한하거나 그 정보에 접근한 자에게 비밀준수의무를 부과하는 등 객관적으로 그 정보가 비밀로 유지·관리되고 있다는 사실이 인식 가능한 상태인 것을 말한다."라고 판시하였다. 이후 법률 제13081호로 개정된 부정경쟁방지법 제2조 제2호에서는 "합리적인 노력에 의하여 비밀로 유지"될 것만을 요구하게 되었고, 이 사건은 위와 같이 개정된 부정경쟁방지법이 적용된다(나아가 2019. 7. 9.부터 시행되는 2018. 1. 8. 법률 제16204호로 개정된 부정경쟁방지법 제2조 제2호에서는 영업비밀에 관하여 "비밀로 관리"될 것만을 요구하고 있다).

나. 미확정 소송기록에 대한 열람 등의 제한
확정판결서에 대하여는 누구든지 열람 및 복사를 할 수 있고(민사소송법 제163조의2), 확정된 소송기록은 학술연구 등 일정한 목적 하에 열람할 수 있도록(민사소송법 제162조 제2항) 정한 반면, 미확정 상태의 소송기록에 관하여는 당사자나 이해관계를 소명한 제3자만이 열람 등이 가능하도록(민사소송법 제162조 제1항) 정하고 있다.

그런데 민사소송법 제352조에 따라 미확정 상태의 다른 소송기록을 대상으로 하는 문서의 송부가 촉탁된 경우, 해당 소송기록을 보관하는 법원은 정당한 사유가 없는 한 이에 협력할 의무를 부담한다(민사소송법 제352조의2). 이에 따라 이해관계의 소명이 없는 제3자라 할지라도 다른 미확정 상태의 소송기록을 대상으로 문서송부촉탁을 신청하여 채택된다면, 대상 기록에 관해 민사소송법 제163조의 소송기록 열람 등 제한이 되어 있지 않는 경우에는, 제한 없이 미확정 상태의 소송기록을 열람할 수 있는 결과가 된다. 대상문서를 지정하지 않은 채로 법원의 송부촉탁 결정이 이루어지고, 송부촉탁 결정 이후 신청인이 직접 대상 기록을 열람한 후에 필요한 부분을 지정하여 문서송부촉탁이 이루어지고 있는 현실에 비추어 본다면, 미확정 상태의 소송기록에 적혀 있는 영업비밀을 보호할 필요성이 더욱 크다.

2. 이 사건의 검토

가. 기록에 의하면, 다음의 사실을 알 수 있다.

1) 신청인이 열람 제한 등을 신청하는 대상문서 중 별지 2 목록 서증 중 갑 제6호증의 1, 2의 문서는 신청인이 제3자와 체결한 계약서(이하 '주주간 계약서'라고 한다)이다. 위 주주간 계약서 제17조에서는 계약당사자에 대해 비밀유지의무를 부과할 뿐 아니라 나아가 계약당사자로 하여금 "이사, 임원, 직원, 대리인 및 하청업자에게 제17조의 모든 사항을 준수할 수 있도록 필요한 모든 조치를 취해야 한다."라는 구체적인 의무를 부과하는 한편, 위 조항이 계약 종료 후 3년간 유효하다고 정함으로써 합리적인 기간 내로 그 의무의 부담을 제한하고 있다.

2) 한편 제3자인 다른 사건의 소송당사자가 이 사건 기록을 대상으로 문서송부촉탁을 신청하여 채택되었다.

나. 이 사건의 주주간 계약서 제17조와 같이, 비밀유지조항의 내용이 단순히 추상적이고 일반적인 비밀유지의무만을 부과하는 데에 그치지 않고 나아가 상대방에 대하여 해당 계약서의 관리방법 또는 그 계약서에 접근할 수 있는 임직원과 피용자 등에게 비밀유지의무를 부과하도록 하는 등 그 계약 내용을 비밀로 관리해야 하는 구체적인 감독의무를 부과하는 정도까지 규정한 것으로 볼 수 있다면, 적어도 이러한 정도의 비밀유지의무가 부과된 문서에 관하여는 영업비밀이 적혀 있다는 소명이 있다고 볼 여지가 있다. 또한 문서송부촉탁신청의 채부를 결정함에 있어서는 그 대상인 소송기록에 영업비밀이 포함되어 있는지 여부는 고려하지 않으므로, 이 사건의 경우에 구체적 비밀유지의무가 부과되어 있는 주주간 계약서가 제한 없이 제3자에게 공개될 위험성도 크다.

그런데도 원심은 주주간 계약서에 영업비밀이 적혀 있다는 점에 대한 신청인의 소명이 부족하다고 보아 열람 제한 등을 구하는 이 사건 신청을 기각하였다. 따라서 원심결정 중 주주간 계약서에 관한 신청을 기각한 부분에는 민사소송법 제163조 제1항 제2호, 부정경쟁방지법 제2조 제2호에 정해진 영업비밀 소명 등에 관한 법리를 오해하여 결정 결과에 영향을 미친 법률위반의 잘못이 있다. 이 점을 지적하는 취지의 재항고이유 주장은 이유 있다.

다. 원심은 신청인이 열람 제한 등을 구하는 대상문서들 중 주주간 계약서를 제외한 나머지 대상문서들에 관하여, 영업비밀이 적혀 있는 때에 해당한다고 볼 소명자료가 없다고 보아 이 사건 신청을 기각하였다. 관련 법리와 기록에 비추어 살펴보면, 원심의 위와 같은 판단은 정당하고, 거기에 재항고이유 주장과 같은 위법이 없다.

3. 결론

그러므로 원심결정의 별지 2 목록 서증 중 주주간 계약서에 관한 부분을 파기하고 이 부분 사건을 다시 심리·판단하도록 원심법원에 환송하며, 나머지 재항고를 기각하기로 하여, 관여 대법관의 일치된 의견으로 주문과 같이 결정한다.

대법관 조희대(재판장) 김재형 민유숙(주심) 이동원[13]

---

13) 출처 : 대법원 2020. 1. 9. 자 2019마6016 결정 [재판기록의열람등제한] > 종합법률정보 판례

안종원

대한민국 법의 중심지인 서초동 법률사무소에서 23년 동안 활동하고 있는 베테랑 법률사무소 실장이다. 경희대학교 법무대학원에서 법학석사학위를 받았으며, 소송과 관련한 아주 다양한 사례를 경험하고 직접 많은 소송을 진행했다. 기존의 법과 소송에 대한 책 대부분은 변호사가 변호사의 관점에서 쓴 책으로, 변호사가 아닌 소송을 당하는 사람이나 소송을 해야 하는 당사자, 즉 일반인의 관점에서 쓴 법과 소송에 관한 것은 유일무이하여 이 책을 쓰게 되었다. 법과 소송에 대해서 일반인이 쉽게 배울 수 있도록 구체적인 사례와 대처 노하우 등을 알려주고자 한다.

변호사
절대 믿지 마라

초판인쇄   2020년 12월 11일
초판발행   2020년 12월 11일

지은이   안종원
펴낸이   채종준
펴낸곳   한국학술정보㈜
주소   경기도 파주시 회동길 230(문발동)
전화   031) 908-3181(대표)
팩스   031) 908-3189
홈페이지   http://ebook.kstudy.com
전자우편   출판사업부 publish@kstudy.com
등록   제일산-115호(2000. 6. 19)

ISBN   979-11-6603-250-9 03360